中国人形机器人
创新发展报告
2025

国家地方共建人形机器人创新中心 —— 著
人形机器人（上海）有限公司

电子工业出版社
Publishing House of Electronics Industry
北京·BEIJING

内容简介

本书探讨了中国人形机器人的创新发展历程与未来前景，尤其聚焦于工业和信息化部《人形机器人创新发展指导意见》这一顶层规划文件发布后的成就与挑战。本书的特色在于通过多角度案例分析，展现了中国在这一前沿领域的关键技术、产品培育、场景应用、生态营造、支撑能力及保障措施等多方面进展，深入剖析了各行业主体如何在政府引导下实现协同创新和突破，推动行业的快速发展。书中结合丰富的实际案例，展示了中国在全球人形机器人领域的实力与潜力。

本书适合人形机器人相关行业的政策制定者、投资者、企业管理者及科研人员等阅读，旨在为他们提供关于中国人形机器人创新发展的深刻洞察与参考，助力中国在人形机器人领域的持续突破与全球竞争力提升。

未经许可，不得以任何方式复制或抄袭本书之部分或全部内容。
版权所有，侵权必究。

图书在版编目（CIP）数据

中国人形机器人创新发展报告. 2025 ／ 国家地方共建人形机器人创新中心，人形机器人（上海）有限公司著.
北京：电子工业出版社，2025.2.— ISBN 978-7-121-49553-3

Ⅰ．F426.67
中国国家版本馆CIP数据核字第2025ZM0373号

责任编辑：张春雨
文字编辑：高丽阳
印　　刷：河北迅捷佳彩印刷有限公司
装　　订：河北迅捷佳彩印刷有限公司
出版发行：电子工业出版社
　　　　　北京市海淀区万寿路173信箱　邮编：100036
开　　本：880×1230　1/32　印张：7.5　字数：168千字
版　　次：2025年2月第1版
印　　次：2025年5月第2次印刷
定　　价：79.00元

凡所购买电子工业出版社图书有缺损问题，请向购买书店调换。若书店售缺，请与本社发行部联系，联系及邮购电话：（010）88254888，88258888。
质量投诉请发邮件至zlts@phei.com.cn，盗版侵权举报请发邮件至dbqq@phei.com.cn。
本书咨询联系方式：faq@phei.com.cn。

编委会

主　编：江　磊　刘宇飞

副主编：李泳耀　邢伯阳

编　委：张　恒　周　海　晁　艺　王　露　殷成欣　谢佳胤
　　　　李庆展　梁振杰　田　翀　成静文　朱明月　孙泽源
　　　　郑冬冬　王博省　石存磊　刘传厚　程竞然　尹云鹏
　　　　曾　怡　宋　旭　王　正　高　客　彭东新

人形机器人（上海）有限公司是国家地方共建人形机器人创新中心的依托单位。公司聚焦行业共性关键技术攻关，围绕创新技术研发等五大功能，建设四链融合的产业生态，布局十个业务方向，打造国内领先、国际一流的新型研发平台，牵引和促进人形机器人产业化落地。

欢迎关注本书作者团队的微信公众号和视频号"人形机器人世界"，搜索"OpenLoong"关注人形机器人开源社区最新动态。

智库合作：yongyao.li@openloong.net

Preface 序 言

在新工业革命的浪潮中，人形机器人作为人工智能与高端制造的集大成者，正站在变革的前沿。它们不仅模仿人类的外形，更继承了人类的灵活性和"泛用性"，预示着生产力的又一次飞跃。新一代人形机器人与上一代相比，具有更高的智能化水平、更强的自主学习能力和更广泛的应用场景，这使其成为推动社会进步的关键力量。与此同时，具身智能正在成为和人形机器人密不可分的关键技术，被视为迈向通用人工智能的重要一步，也是这一轮人形机器人技术革命的关键推动力量。

2024年，中国人形机器人产业正处于快速发展的关键时期，人形机器人整机企业有79家，市场规模约为27.6亿元，展现出强劲的增长势头。技术不断创新和突破，尤其在整机、具身智能、核心零部件、智能制造等领域，人形机器人的性能和应用范围持续扩大，共有27款人形机器人在2024世界机器人大会上集中展出。企业创新研发实力不断增强，呈现出百花齐放的态势，多家企业如优必选、智元新创、宇树等迅速发展，科技巨头小米、华为等也纷纷入局。应用领域不断拓展，从工业制造到商用服务，再到家庭陪伴，人形机器人的商业化应用正在加速推进。整体来看，中国人形机器人产业正迎来爆发式增长的拐点，有望在未来几年实现从实验室到大规模商业化应用的跨越。

当前，我国人形机器人产业正处于快速发展阶段。技术创新与突破是推动人形机器人发展的核心。2023年10月，工业和信息化部发布的《人形机器人创新发展指导意见》中提出，到2025年，"大脑、小脑、肢体"等一批关键技术将取得突破，整机产品达到国际先进水平，并实现批量生产。人形机器人的"大脑"基于人工智能大模型，增强环境感知、行为控制、人机交互能力；"小脑"控制运动，需搭建运动控制算法库；"肢体"则关乎机器人的物理执行能力。

预计到2025年，中国人形机器人市场规模将达到166.3亿元，到2030年将增长至861.0亿元。人形机器人将成为未来新质生产力的关键抓手，重塑千行百业的发展格局。在这份报告中，我们将深入分析中国人形机器人产业的发展趋势、技术进展、市场应用，并探讨未来的发展方向。我们相信，人形机器人将开启一个全新的时代，让我们共同期待并见证这一变革的到来。

敬请期待中国人形机器人的辉煌未来。

江磊　首席科学家
国家地方共建人形机器人创新中心

Introduction 引 言

随着人工智能与机器人技术的快速进步，机器人产业迎来了前所未有的发展机遇和挑战。在这些机器人领域中，人形机器人以其高度仿生、灵活协作的特点，以及复杂场景的适应能力，逐渐成为世界各国争相研究与创新的重要方向。为了顺应科技发展趋势，推动中国在这一前沿领域取得重要突破，工业和信息化部于2023年10月印发了《人形机器人创新发展指导意见》（以下简称《指导意见》），对中国人形机器人技术和产业的发展进行了一系列系统性规划与战略部署。自《指导意见》发布以来，中国人形机器人产业发展呈现出快速进步和多元化应用的特点。在政府政策的引导下，行业内各类企业、科研院所及相关生态伙伴加强合作，突破关键核心技术、完善产业链条、拓展应用场景。中国人形机器人产业以独特的技术路线、场景化的应用实践和生态化的发展模式，逐渐形成了特色鲜明的创新发展体系。

《中国人形机器人创新发展报告2025》系统性地梳理了《指导意见》印发以来中国人形机器人产业在关键技术、产品培育、场景应用、生态营造、支撑能力及保障措施等多方面的发展态势，通过多角度案例研究，全面解析了中国在这一领域的成果与经验，力图展示中国人形机器人产业的全貌，洞察未来发展的新趋势、新挑战及新机遇。我们希望通过本书能够为政策制定者、产业投资者、企业管理者，以及研究人员提供参考和指导，助力中国人形机器人产业的创新发展与持续突破。未来，相信中国人形机器人产业在政策推动、技术进步和产业协同的多重驱动下，将迎来更加广阔的发展前景，逐步实现从跟随到引领的战略转变，为中国乃至全球的科技进步和社会发展做出更大贡献。

Contents 目 录

第1章　人形机器人发展概述 ··················· 001

1.1　人形机器人的概念和分类 ················· 002
1.2　人形机器人的发展进程 ··················· 007
  1.2.1　人形机器人的发展背景 ··················· 007
  1.2.2　人形机器人的市场规模 ··················· 009
  1.2.3　人形机器人与人工智能的重要发展阶段 ····· 010
  1.2.4　人形机器人及相关代表性产品 ············· 013
1.3　人形机器人的应用价值 ··················· 016

第2章　人形机器人关键技术突破 ··············· 019

2.1　人形机器人技术创新路线 ················· 021
2.2　人形机器人"大脑"关键技术 ············· 023
  2.2.1　具身智能系统基本概念 ··················· 024
  2.2.2　具身智能大模型 ························· 026
  2.2.3　大模型驱动的具身基础策略 ··············· 040
  2.2.4　具身智能数据集 ························· 049
  2.2.5　云边端一体架构 ························· 060

目录

- 2.3 人形机器人"小脑"关键技术 ········· 065
  - 2.3.1 动态运动控制方法 ············· 066
  - 2.3.2 高精度建模与训练系统 ········· 077
  - 2.3.3 拟人行为学习 ················· 083
- 2.4 人形机器人"机器肢"关键技术 ······· 084
  - 2.4.1 传动机构 ····················· 085
  - 2.4.2 下肢结构 ····················· 086
  - 2.4.3 双机械臂 ····················· 088
  - 2.4.4 手部结构 ····················· 092
- 2.5 人形机器人机器体关键技术 ··········· 096
  - 2.5.1 高强度轻量化新材料 ··········· 097
  - 2.5.2 骨架结构拓扑优化方法 ········· 100
  - 2.5.3 复杂结构增材制造方法 ········· 103

第3章 人形机器人重点产品培育 ········· 106

- 3.1 人形机器人整机产品 ················· 108
  - 3.1.1 创新中心 ····················· 109
  - 3.1.2 本体企业 ····················· 110
  - 3.1.3 跨领域企业 ··················· 113
  - 3.1.4 上下游部组件企业 ············· 114
  - 3.1.5 高校/科研院所 ················ 115
- 3.2 人形机器人基础部件 ················· 119
  - 3.2.1 感知模块 ····················· 120
  - 3.2.2 控制模块 ····················· 134

     3.2.3 驱动模块 ……………………………………… 137
     3.2.4 传动模块 ……………………………………… 146
     3.2.5 高端芯片 ……………………………………… 155
     3.2.6 动力电池 ……………………………………… 159
  3.3 人形机器人基础组件 ………………………………… 161
     3.3.1 感知头 ………………………………………… 161
     3.3.2 灵巧手 ………………………………………… 163
     3.3.3 机械臂 ………………………………………… 165
     3.3.4 电子皮肤 ……………………………………… 168
  3.4 人形机器人支撑软件系统 …………………………… 170
     3.4.1 通用操作系统及开发工具 …………………… 171
     3.4.2 数字仿真引擎 ………………………………… 173

第4章　人形机器人场景应用 ……………………… 177

  4.1 人形机器人特种领域场景应用探索 ………………… 179
     4.1.1 危险作业 ……………………………………… 180
     4.1.2 安防巡逻 ……………………………………… 182
  4.2 人形机器人制造业场景应用探索 …………………… 182
     4.2.1 汽车制造 ……………………………………… 182
     4.2.2 工业制造 ……………………………………… 183
     4.2.3 仓储物流 ……………………………………… 184
     4.2.4 智能巡检 ……………………………………… 185
  4.3 人形机器人民生及重点行业场景应用探索 ………… 185
     4.3.1 家庭服务 ……………………………………… 185

目录

　　4.3.2　康养服务 ······ 186
　　4.3.3　商品零售 ······ 187
　　4.3.4　迎宾导览 ······ 188

第5章　人形机器人产业生态营造 ······ 190

5.1　人形机器人开源环境 ······ 191
　　5.1.1　人形机器人开源公版机 ······ 191
　　5.1.2　人形机器人开源社区 ······ 192
　　5.1.3　人形机器人训练场 ······ 194

5.2　人形机器人创新载体 ······ 195
　　5.2.1　创新中心 ······ 195
　　5.2.2　重点实验室 ······ 196
　　5.2.3　百人会组织 ······ 197
　　5.2.4　产业联盟 ······ 197

5.3　人形机器人产业集聚 ······ 198
　　5.3.1　产业园区 ······ 198
　　5.3.2　孵化器 ······ 198

5.4　人形机器人产业投融资 ······ 198

第6章　人形机器人支撑能力建设 ······ 201

6.1　人形机器人产业标准体系 ······ 202
　　6.1.1　产业链标准化需求 ······ 202
　　6.1.2　产业标准建设情况 ······ 202

- 6.2 人形机器人检验检测和中试验证 ········· 210
  - 6.2.1 检测评定与认证 ········· 210
  - 6.2.2 中试验证 ········· 210
- 6.3 人形机器人安全治理 ········· 211
  - 6.3.1 治理导则 ········· 212
  - 6.3.2 法治专刊 ········· 212

第7章 人形机器人保障措施情况 ········· 214

- 7.1 人形机器人统筹技术攻关 ········· 215
- 7.2 人形机器人产业政策支撑 ········· 216
  - 7.2.1 中央产业指导政策 ········· 216
  - 7.2.2 地方产业促进政策 ········· 217
- 7.3 人形机器人专业人才培养 ········· 220
- 7.4 人形机器人国际交流合作 ········· 221
  - 7.4.1 人形机器人开发者大会 ········· 222
  - 7.4.2 世界人工智能大会 ········· 222
  - 7.4.3 世界机器人大会 ········· 223

结语 ········· 224

人形机器人发展概述

第1章

人形机器人作为人工智能、高端制造、新材料等先进技术的集大成者，是机器人产业中研发投入最集中、创新最活跃、应用最广泛、辐射带动作用最大的领域之一。随着人形机器人技术的加速演进，其已成为科技竞争的新高地、未来产业的新赛道、经济发展的新引擎，发展潜力大，应用前景广。同时，人形机器人有望成为继计算机、智能手机、新能源汽车后的颠覆性产品，将深刻改变人类生产生活方式并影响国家安全，推动全球产业发展格局与政治格局重塑。

我国高度重视人形机器人的发展，制定并实施了《"十四五"机器人产业发展规划》《"机器人+"应用行动实施方案》《人形机器人创新发展指导意见》《关于推动未来产业创新发展的实施意见》等一系列顶层规划和政策文件，为人形机器人产业的发展提供了明确指导与有力支撑。随着技术的持续迭代升级、新产品的不断推出，以及产业链的全面验证，人形机器人产业正朝着更加光明和广阔的未来稳步迈进。

1.1 人形机器人的概念和分类

根据国际标准ISO 8373:2021 Robotics-Vocabulary的定义，人形机器人是具有躯干、头和四肢，外观和动作与人类相似的机器人。通常而言，人形机器人的狭义定义是拥有双臂手作业、双足行走的拟人化形态，同时拥有机器大脑、机器小脑的交互与学习进化能力，能够模仿人类适应多样化的任务场景的智能机器人。而人形机器人的广义定义则为拥有双臂手作业、足/轮行走等部分拟人化特征，采用大模型或具身智能等人工智能算法驱动，能够

第1章 人形机器人发展概述

在专用或通用场景中完成指定的任务，并具有一定智能涌现或技能泛化能力的智能机器人。

人形机器人市场和研发正处于快速变化和发展的阶段，伴随着技术的进步和市场需求的增长，这一领域正逐渐从实验室走向商业化应用阶段。目前，人形机器人已经能够做一些基本的人类工作，如搬运、巡检等，并且开始在制造业、服务业等领域展现出其潜力。然而，尽管人形机器人的发展迅速，但目前尚未形成统一且明确的分类标准，这在一定程度上限制了产业的进一步发展和市场的扩大。当前几种较为常见的分类方式如下。

按照人形机器人的移动方式，可将其分为足式人形机器人、轮/履式人形机器人、混合移动式人形机器人，如表1-1所示。

表1-1 人形机器人按照移动方式分类

分类	特点	形态
足式人形机器人	①地表适应性强，能够适应多种地形，包括不平整地面、楼梯等复杂环境；②灵活性高，越障性能好，机动性强，能够抬腿越障；③技术挑战大，在步态稳定性和可靠性方面仍面临技术挑战	
轮/履式人形机器人	①移动高效，在平坦和结构化环境中能够快速移动，具有较好的稳定性；②负载能力强，适合需要搬运重物的场景	
混合移动式人形机器人	①适应性强，结合了足式和轮/履式的优点，能够在不同的地形和应用场景间灵活切换；②应用范围广，由于灵活性和适应性的提升，其在搜索救援、探险探测及日常服务等领域都具有广泛的应用前景	

003

足式人形机器人专注于模仿人类的行走和运动的能力,主要用于需要与人类环境高度互动的应用场景。这类机器人适用于家庭服务、医疗护理、教育和商业领域。其技术路线将推动"行走驱动"产业链的发展,重点解决人机协作中的灵活性和稳定性问题。通过先进的运动控制算法和传感器技术,实现自然的步态和自适应能力,以满足复杂环境下的使用需求。轮/履式人形机器人则适用于需要高速移动和高负荷作业的特定场景,如物流、建筑与救援等。这类机器人采用轮式或履带式驱动方式,适合平坦地形中的快速移动,同时具备较强的负载能力。通过优化的动力系统和智能导航技术,可提升其在不同环境中的适应性和效率,推动"轮驱"或"履驱"产业链的进步。混合移动式人形机器人结合了足式和轮/履式的特点,提高了自身在复杂环境中的适应能力和灵活性,使其在多个领域中具有广泛的应用前景。这种设计不仅提升了人形机器人的实用性和效率,还为未来的人形机器人技术发展提供了新的方向。

根据外观形态,可将其分为仿真型人形机器人和非仿真型人形机器人,如表1-2所示。

表1-2 人形机器人按照外观形态分类

分类	特点	形态
仿真型人形机器人	①外观模仿人类,具有类似人的外形和面部特征,视觉上接近人,易被人接受; ②常应用于服务、接待、教育、娱乐和陪伴等领域,能提供更加自然和亲切的人机交互	

续表

分类	特点	形态
非仿真型人形机器人	①根据特定的功能需求来设计，外观上更倾向于功能性设计，以完成任务为导向；②这类机器人更适合工业、军事、搜索救援等特定任务导向的应用场景	

仿真型人形机器人结合生物、机械和电子技术，以模拟人类行为和反应为目标，主要用于前沿科技领域的探索，如医疗模拟、教育培训和人机交互研究。这类机器人通过复杂的算法和先进的传感器实现情感识别、自然语言处理和行为模拟，为用户提供沉浸式体验。其技术路线将推动"仿生驱动"产业链的发展，注重在智能制造、虚拟现实和人机协作中的应用。非仿真型人形机器人具有人类的基本形态，如头部、躯干、双臂等，但外观不完全模仿人类，设计上更偏向功能性和实用性。它们通常具有明显的机械结构和工业设计风格，如金属外壳、可见的关节和传感器。非仿真型人形机器人主要用于执行特定的任务，如搬运重物、装配零件、进行危险作业等。

根据人形机器人使用的动力能源方式，可将其分为电驱动人形机器人、液压驱动人形机器人，以及混合驱动人形机器人，如表1-3所示。

表1-3 人形机器人按照驱动类型分类

分类	特点	形态
电驱动人形机器人	①电驱动系统的响应速度快、能量转化效率高；②电驱动系统的制造和维护成本较低；③易于控制，驱动精度高，动作平稳	

续表

分类	特点	形态
液压驱动人形机器人	①液压系统可以产生较大的推力和扭矩，适合需要重载和强度大的场景； ②液压系统的能量效率较低； ③维护维修相对复杂，生产技术要求极高	
混合驱动人形机器人	①结合了电驱动的高响应速度和液压驱动的大力量输出； ②适应性强，能够在需要精细操作和高强度输出的场景间灵活切换； ③应用范围广，由于其较高的灵活性和适应性，在搜索救援、探险探测及日常服务等领域具有广泛的应用前景	

电驱动作为最常见的驱动方式，利用电能驱动电机和执行器，实现机器人的运动和人类的操作。电驱动系统通常包括电池、直流电机、步进电机和伺服电机等。电驱动系统具有高效、清洁、易于控制和维护的特点，能够提供精确的运动控制，能快速响应，同时噪声较小。锂电池是常用的电源类型，具有高能量密度和长寿命。液压驱动方式通常用于需要强大动力的场景，能够提供强人的动力输出，适合重载场景。液压系统具有高效、可靠的特点，能够实现复杂的多自由度运动。混合驱动方式结合了电驱动和液压驱动技术，利用电能驱动液压系统中的泵和阀，实现大力输出和高功率密度的运动控制。

1.2 人形机器人的发展进程

1.2.1 人形机器人的发展背景

1. 全球少子化、老龄化程度不断攀升

中国及全球人口老龄化程度已处于较高水平。据统计，中国65岁及以上人口自1953年的2632万人增长至2021年的2亿人，占比从4.4%上升至14.2%，呈现出老龄化的趋势。在全球范围内，65岁及以上人口占比在2022年达到9.8%，其中高收入和中高收入国家的比例分别为19.2%和11.6%。

这一人口结构的变化，为人形机器人产业的发展提供了前所未有的机遇。在劳动力短缺和养老服务需求激增的背景下，人形机器人作为技术的创新应用，将在家庭护理、医疗辅助、康复治疗等领域发挥重要作用。其不仅是对传统服务模式的革新，更是对老龄化社会挑战的一种积极回应。因此，深入研究人形机器人在老龄化社会中的应用，对于推动产业升级和社会可持续发展具有重要意义。

2. 全球劳动力短缺问题造成人工成本大幅增加

中国社会的老龄化程度正逐步加重，劳动力短缺的问题愈发突出。根据《中国老龄化研究报告2022》（任泽平团队）的深入分析，1962—1976年出生的"婴儿潮"一代即将步入老年行列。预计到2033年，中国将步入超级老龄化社会，65岁及以上人口比例将超过20%，并持续快速增长，至2060年达到35%。到2035年和2050年，中国65岁及以上的老年人口将分别达到3.27亿人和3.93亿人，分别占全球老年人口的21.8%和26.2%。中国65岁及以

上人口预计将在2057年达到4.25亿人的峰值，随后逐渐减少。在不同的总和生育率假设下（1.0、1.2、1.6），2057年65岁及以上人口比例将分别达到37.6%、35.9%和32.9%。

此外，根据第七次全国人口普查的数据推算，中国的劳动年龄人口总量及其在总人口中的比例将持续下降。与此同时，老年人口抚养比不断上升。制造业的劳动力供给日益减少，让自动化水平的提升成为迫切需求，人形机器人的优势日趋显著。

3. AI大模型推动行业加速迭代

人工智能大模型的应用，为人形机器人带来了质的飞跃。以IBM Watson为例，其强大的认知计算能力被无缝集成到医疗护理机器人中，不仅提高了诊断的准确性，还通过个性化护理方案提升了患者体验。SoftBank的Pepper机器人则借助情感识别AI大模型，实现了与人类的深层次情感交流，这在零售、教育、养老等领域开启了新的服务模式。Boston Dynamics的Atlas机器人更是通过深度学习技术实现了在复杂环境中的精准运动控制，其能够执行的后空翻等高难度动作，标志着人形机器人在运动能力上的重大突破。这些案例无不证明，AI大模型的应用正在使人形机器人变得更加智能、灵活和实用。与此同时，AI大模型的发展也为人形机器人行业带来了经济效益的显著提升。国际机器人联合会（IFR）的数据显示，采用机器人的企业生产效率平均提高了20%以上。

4. 我国制造业体系完整、基础雄厚

我国制造业体系完整、基础雄厚，为人形机器人产业的发展提供了得天独厚的条件。国家统计局数据显示，我国制造业产值已

连续多年位居世界第一。我国以"制造大国"享誉全球，制造业总体规模连续14年位居全球第一，并且拥有联合国产业分类中的全部工业门类。2023年我国全部工业增加值达到39.9万亿元，占GDP的31.7%，制造业增加值占GDP的26.2%，占全球的约30%，这一庞大的制造业基础为机器人产业提供了丰富的应用场景和市场需求。

1.2.2 人形机器人的市场规模

全球范围内人形机器人市场预期增长强劲，但由于人形机器人还处于产业化初期，各机构对于人形机器人未来市场规模的预测值偏差较大，但各机构普遍认为至2030年全球人形机器人市场规模可高达数百亿美元。2024年1月，著名投行高盛更新其2022年11月对全球人形机器人市场规模做出的中性预测，将原先预测的2035年市场规模达到60亿美元更改为380亿美元。此前高盛指出，在最理想场景下，2035年人形机器人市场规模有望达到1540亿美元。

中国人形机器人市场未来发展空间巨大。根据2024年4月赛迪研究院报告，2023年人形机器人产业进入爆发期，至2026年中国人形机器人产业规模将突破200亿元。如图1-1所示，2024年首届中国人形机器人产业大会上发布的《人形机器人产业研究报告》预测：2024年中国人形机器人市场规模约27.6亿元，2029年有望扩大至750亿元，占据全球市场的32.7%；2035年，中国人形机器人市场规模有望达到3000亿元。高工产业研究院（GGII）预测，中国在人形机器人赛道的年均增速将高于全球平均水平，2024年中国人形机器人市场规模为21.58亿元，到2030年将达到近380亿元，年均复合增长率将超过61%，中国人形机器人年销量将从0.40万台左右增长至27.12万台。

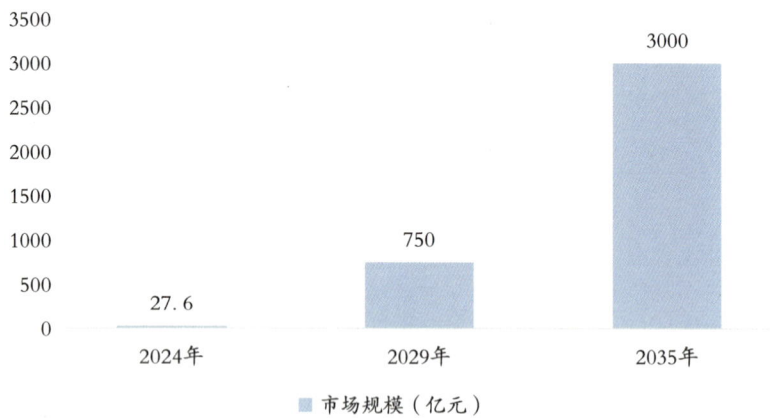

图1-1　2024—2035年中国人形机器人市场规模及预测

1.2.3　人形机器人与人工智能的重要发展阶段

人形机器人的发展经历了三个重要阶段，分别是20世纪60年代末至90年代末的初步探索期、21世纪初至2021年的技术积累期，以及2022年以后的具身智能爆发期。

在初步探索期，人形机器人仅具备模仿人类外观和基本动作的能力，研究重点聚焦在实现机器人的双足行走功能及达到基本的控制水平。日本凭借其在硬件制造方面的雄厚实力，处于世界领先地位，并且专注于生活服务领域。

在技术积累期，传感和智能控制技术的集成使得机器人拥有了基本的感官系统，能够感知周围环境的基本信息。对于各种感官输入，人形机器人展示了做出简单判断并相应调整动作的能力，从而实现了更平稳、更连续的移动。

在具身智能爆发期，AI大模型、开源平台和操作系统的发展，改变了垂直领域AI的开发模式，实现了"训练大模型+特定任务微调"的新范式，推动了人形机器人进入"模型即应用"时代，加速了其通用性与商业化进程。

人工智能与人形机器人在发展历程上有所重叠，时至今日经历了两落三起。如图1-2所示，第一次热潮是1956—1972年，达特茅斯会议吹响了人工智能的启航号角，也开启了各国政府、研究机构、军方对人工智能投资与研究的热潮。第一次低谷期是1973—1976年，莱特希尔教授在《人工智能：一份全面报告》中批评了人工智能研究的成效，认为其未能实现既定承诺。由此，英国政府大幅削减了对人工智能研究的资助。第二次热潮是1977—1991年，"知识工程"和"专家系统"的兴起标志着人工智能开始了第二次发展浪潮，然而专家系统（如Mycin）面临着专业性强但通用性不足的质疑。第二次低谷期是1992—2021年，1992年以后，日本第五代计算机项目未能实现其革命性目标，导致人工智能研究遭遇第二次投资寒冬，全球对人工智能的投资相应减少。第三次热潮自2022年开始，ChatGPT等人工智能大模型预示着第四次工业革命的到来，改变了人机交互的面貌，并扩展了AI技术的应用潜力。

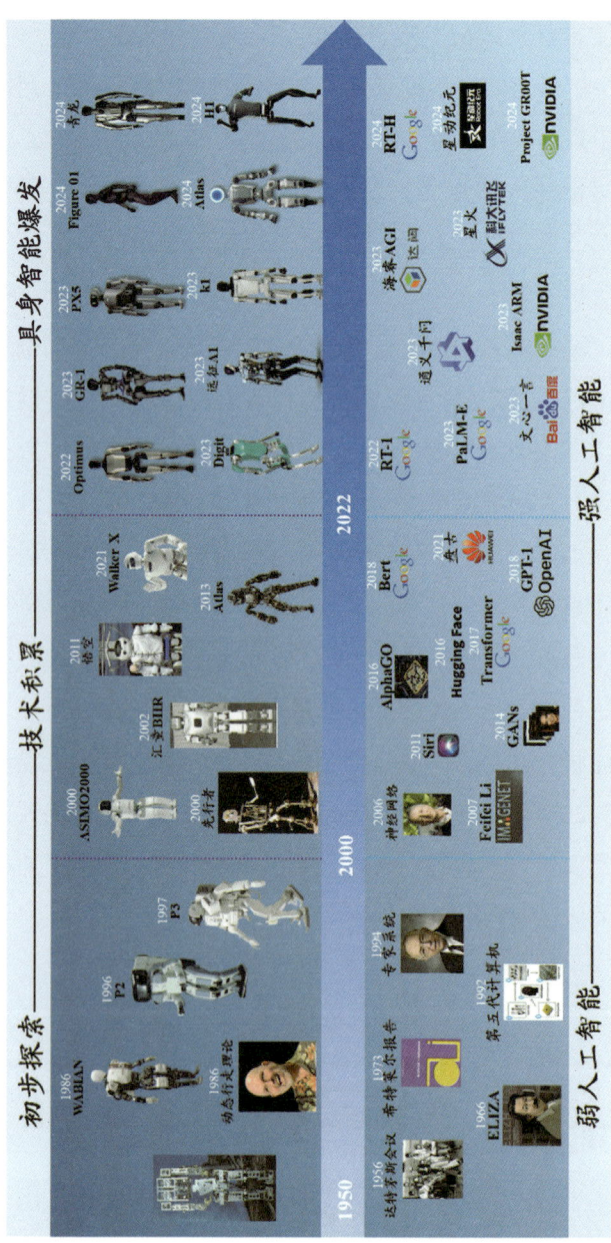

图1-2 人形机器人与人工智能发展历程

1.2.4 人形机器人及相关代表性产品

1. 初步探索期（20世纪60年代末至90年代末）

1972年日本早稻田大学加藤实验室推出的WABOT-1标志着全球首个全尺寸人形智能机器人的问世。WABOT-1身高2m，重160kg，整合了肢体控制、视觉识别和对话系统，拥有26个关节和手部触觉传感器。随后，1993年至1997年，日本Honda连续推出了P1、P2和P3系列人形机器人，进一步推动了该领域的发展。同期，美国、欧盟和韩国的研究机构也纷纷投入相关研究，特别是美国麻省理工学院的Marc Raibert教授提出的"动态行走理论"为四足及双足人形机器人的行走稳定性提供了理论支撑。这些研究成果共同构成了人形机器人技术发展的重要基石。

2. 技术积累期（21世纪初至2021年）

21世纪初，Honda于2000年揭开了小型化人形机器人ASIMO2000的面纱，该机器人以其类人外形和前瞻性动作预测能力而著称，能够自主调整重心以实现平稳转弯，从而确立了其在全球机器人领域的标杆地位。尽管ASIMO2000在商业化方面未能取得显著成就，并在2018年停止更新，但其技术贡献对后续人形机器人发展产生了深远影响。同期，Boston Dynamics在2013年展示了双足机器人Atlas，其具备在复杂地形中行走、奔跑、跳舞、搬运，以及做出高难度动作（如后空翻）的能力，美国国防高级研究计划局评价Atlas为历史上最先进的人形机器人之一，其核心在于软件"大脑"与物理载体的结合。在国际舞台上，其他知名人形机器人包括Sony的SDR-4X（2002）和QRIO（2018）、SoftBank的NAO（2007）、Honda的Avatar Robot（2021）、

KAIST的HUBO（2018）、Engineered Arts的Ameca（2021）。国内研究以高校院所为主导，代表性成果包括国防科技大学的"先行者"（2000）、北京理工大学的"汇童BHR-1"（2002）、浙江大学的"悟空"（2011），以及企业界代表优必选的Walker X（2021）等。这些研究与发展标志着人形机器人技术在全球范围内的持续进步与多元化应用。

3. 具身智能爆发期（2022年以后）

2022年以后，人形机器人进入具身智能新纪元。全球学术界与工业界的深度合作催生了理论创新与应用实践的深度融合。

美国和中国的头部企业引领行业发展，推动了人形机器人在功能性和智能化方面的显著提升。Tesla于2022年10月推出了Optimus（擎天柱），并于2024年10月将其升级至Gen3系列，标志着Tesla在人形机器人市场的持续领先，Optimus Gen3具备高难度动作执行能力和先进的AI情感识别技术，实现了工厂环境下的复杂任务操作，其手部自由度达到22个，接近人类水平。美国Figure于2024年1月与德国BMW达成战略合作，共同推出的人形机器人Figure 01和02，在制造业中的应用展示了其卓越性能。同年4月，Boston Dynamics推出纯电动版Atlas，进一步拓宽了人形机器人的应用领域。国际范围内，代表性产品还包括法国PAL Robotics的TALOS、意大利IIT的WALK-MAN、德国TUM的LOLA、德国NEURA Robotics的4NE-1、美国Agility Robotics的Digit等，这些机器人各具特色，分别在工业、救援和科研等领域发挥作用。

国内方面，人形机器人产业化进程加速，人形机器人（上海）有限公司研发的全球首个全尺寸软硬件开源公版机"青龙"（2024）系列产品，达闼的XR4、傅利叶的GR-2、智元新创的远征A2、开普勒的先行者系列、小米的CyberOne、北京人形机器人创新中心的天工、乐聚的夸父、逐际的CL-2、小鹏的Iron、宇树科技的H1等，均体现了我国在人形机器人领域的创新实力和产业化进展。人形机器人技术的发展呈现出多元化、专业化和产业化的特征，为多场景、多领域中的应用提供了强大技术支撑。

人工智能大模型、开源平台和操作系统赋能人形机器人的产业化落地。国际上美国Google等企业连续推出了一系列先进的AI大模型，如SayCan、RT系列（RT-1/2/X/H）、PaLM-E。此外，Meta的SAM和NVIDIA的Project GR00T等，均在具身智能领域取得显著进展。

国内AI大模型产业同样迅猛发展，以华为"盘古"、智源"悟道2.0"、科大讯飞"讯飞星火"、百度"文心"、阿里巴巴"通义"和腾讯"混元"等为代表的新产品，展现了我国在智能模型领域的创新实力和商业潜力。

在开源平台和操作系统方面，除了国际知名的ROS、Hugging Face和英伟达Isaac平台等，国内人形机器人（上海）有限公司推出的OpenLoong开源社区崭露头角，目标是推动人形机器人完成全场景应用，基于开源的方式，搭建人形机器人具身智能操作与操控系统的框架与公版开源硬件平台。它与百度"飞桨"、达闼"海睿AGI"平台，以及星动纪元联合清华大学、上海期智研究院发布的Humanoid-Gym框架等共同构成了我国人形机器人研发的强大技术支撑体系。在人工智能大模型、开源平台和操作系统的强大推动下，人形机器人产业正迅速从概念走向现实，不仅为其智能内核注入了灵魂，也为其技术的进步和产业化进程提供了开放、高效的技术环境。

1.3 人形机器人的应用价值

人形机器人的多元应用场景探索，不仅揭示了其在特种领域、制造业，以及民生与重点行业中的巨大潜力，更标志着机器人从辅助工具向关键角色的转变。在特种领域，人形机器人以其独特的适应性和灵活性，成为应对极端环境挑战的先锋，显著提升了作业安全性和效率。在制造业领域，人形机器人的融入优化了生产流程，开启了人机协作的新篇章，为智能制造的未来描绘了宏伟蓝图。在民生及重点行业，它的应用展现了人类对科技服务生活的美好愿景。因此，人形机器人的深度融入与广泛应用，是对技术边界的勇敢拓展，更是对未来社会形态的深刻重塑，它将成为推动历史车轮的关键力量，为构建一个智慧共生、和谐共进的未来社会奠定了基石。

人形机器人作为人工智能的最佳载体，将有效解决劳动力短缺问题。人形机器人具有外观、行为、感官和思考方式更加类人的优势，能够从事体力工作并承担部分知识密集型工作。这使得人形机器人在解决全球人口老龄化带来的劳动力短缺问题方面具有巨大的潜力。随着技术的不断进步和成本的逐步降低，人形机器人有望在未来几十年内成为劳动力市场的重要补充，为经济增长和社会进步注入新的活力。

人形机器人技术的发展正成为大国竞争的新焦点,其高度复杂性和未来价值预示着国际格局的变革。尽管当前人形机器人的整体智能水平远未达到人类水平,但其在运动、认知、感知和交互能力上的提升,预示着人形机器人将成为国家战略工具,影响经济竞争力和国际关系。随着技术的进步,人形机器人有望成为推动全球经济增长和优化国际关系的关键因素,引领人类社会向更繁荣和可持续的未来发展。根据前文关于人形机器人市场规模的描述,可以确定人形机器人正在成为推动全球经济增长的新引擎。在产业创新和国际竞争方面,人形机器人技术正逐渐演变为一种新兴的战略工具。例如,美国、中国等国家都在加大人形机器人的研发投入,以期在未来的国际竞争中占据有利位置。随着技术的进步,人形机器人能够为国家提供精确和迅速执行战略任务的能力,进而增强国家的战略利益获取能力。

人形机器人是具身智能的最佳载体,是推进人工智能迈入高级阶段的重要工具。人形机器人不仅推动了人工智能技术的快速发展,也加速了量子计算、元宇宙等未来产业的发展。人形机器人技术的发展,代表着人类对于智能化机器探索的终极梦想,是第四次工业革命中"最耀眼的光",是科技革命的创新引擎。新一代人形机器人将更加注重融合机器学习、计算机视觉、类脑智能计算等"知行合一"的技术,从而实现人工智能的新高级形态。一旦人形机器人如同智能汽车一样大规模普及,人工智能将全面进入模拟和辅助人类日常活动的领域,从而在更广泛层面上影响人类社会生活的各个方面。此外,由人工智能构建的数字进化方法依赖于人形机器人与环境交互所产生的巨量数据,以及针对巨量数据的大规模计算与训练。人形机器人将在元宇宙这一数字孪生环境中经历连续的训练迭代,从而促进自身对技能的快速学习和性能的持续提升。元宇宙数据的海量增长也必然需要采用量子计算等新计算手段。因此,从某种意义上来说,人形机器人是元宇宙、量子计算等其他未来产业的新抓手。

人形机器人关键技术突破

第2章

工业和信息化部在2023年11月印发的《人形机器人创新发展指导意见》（以下简称《指导意见》）中提出了人形机器人的"大脑""小脑""肢体"等关键技术体系。随着与"大脑""小脑""肢体"等相关的一批关键技术的突破，人形机器人作为具身智能的最佳载体，有望通过感知、认知系统与物理世界进行交互，并实现自主学习与决策。

如图2-1所示，从人形机器人的具身智能实现路径来看，基于多模态大模型的人形机器人"大脑"主要承担多模态信息感知，以及结合任务指令实现规划决策等功能。采用强化学习、动力学、模仿学习等技术路线的人形机器人"小脑"接收到来自"大脑"的任务指令，结合自身的状态理解，将任务拆分为"机器肢"和"机器体"能够执行的行动序列，并通过轨迹规划和运动控制使人形机器人能够执行相应的任务。通过配备知识记忆模块，基于"感知—认知—规划—决策—控制—执行"的持续循环反馈，人形机器人的智能能力将得到进一步强化。

第2章 人形机器人关键技术突破

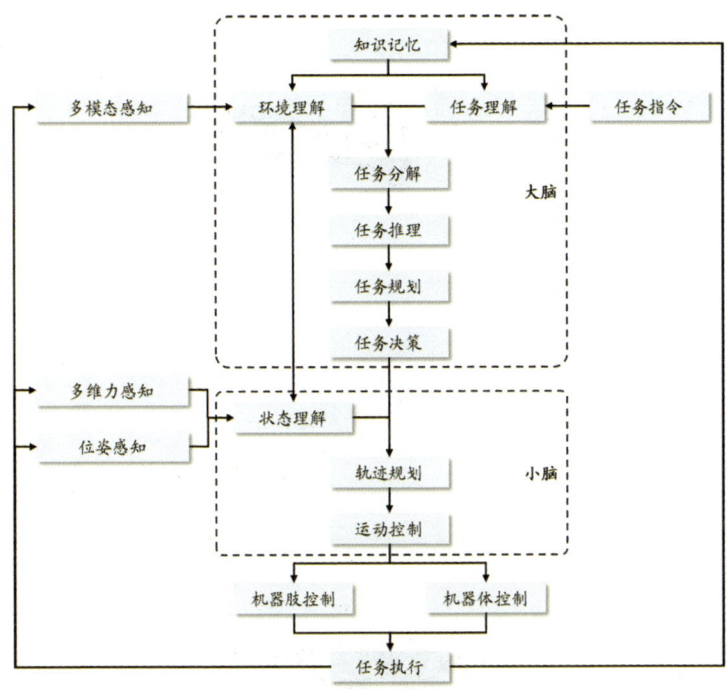

图2-1 人形机器人具身智能实现路径

2.1 人形机器人技术创新路线

国家地方共建人形机器人创新中心（以下简称"人形国创中心"）基于《指导意见》，参考新能源汽车成功经验，通过进一步梳理提出了人形机器人的"三横三纵+AI基础设施"技术创新路线，如图2-2所示。该技术创新路线要求人形机器人"机器脑""机器肢""机器体"三类关键技术并行发展，共同赋能电动型、液压型及创新型三类人形机器人整机产品，并以AI基础设施作为强有力的数智底座和技术保障。

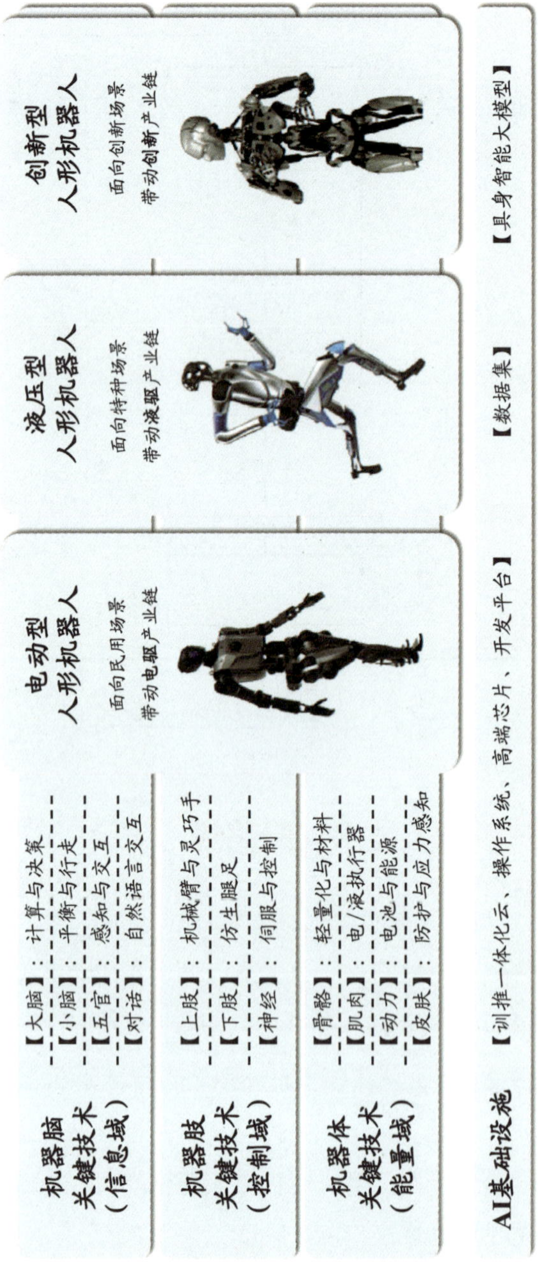

中国人形机器人创新发展报告2025

机器脑关键技术（信息域）	【大脑】：计算与决策 【小脑】：平衡与行走 【五官】：感知与交互 【对话】：自然语言交互
机器肢关键技术（控制域）	【上肢】：机械臂与灵巧手 【下肢】：仿生腿足 【神经】：伺服与控制
机器体关键技术（能量域）	【骨骼】：轻量化材料 【肌肉】：电/液执行器 【动力】：电池与能源 【皮肤】：防护与应力感知

	电动型人形机器人	液压型人形机器人	创新型人形机器人
	面向民用场景 带动电服产业链	面向特种场景 带动液服产业链	面向创新场景 带动创新产业链

AI基础设施　【训推一体化云、操作系统、高端芯片、开发平台】　【数据集】　【具身智能大模型】

图2-2　人形机器人"三横三纵+AI基础设施"技术创新路线

2.2 人形机器人"大脑"关键技术

人形机器人的"大脑"主要用于实现多模态数据感知、信息理解与融合、任务规划与决策等功能。特别是针对动态开放环境下人形机器人的感知与控制,要构建人形机器人的人-机-环境共融交互能力,以支撑全场景落地应用。只有大规模数据集、云边端一体计算架构、多模态感知与环境建模等多方面技术能提供支撑和实现融合创新,以端到端具身大模型为核心的人形机器人"大脑"才能取得突破和发展。人形机器人"大脑"的关键技术架构如图2-3所示。

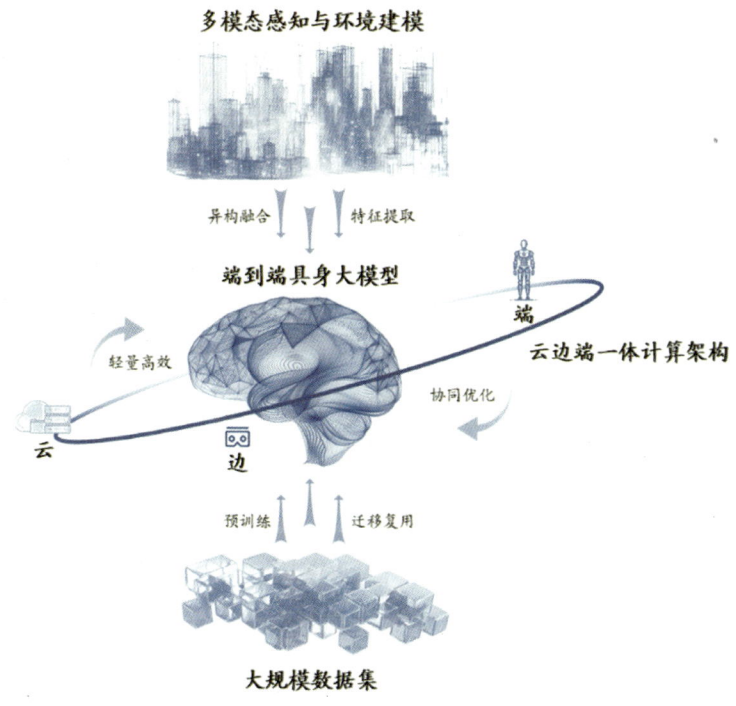

图2-3 人形机器人"大脑"的关键技术架构

具体而言，人形机器人通过视觉、触觉等多种传感器获取环境信息，并利用多模态融合感知技术将不同模态的数据直接输入深度神经网络，再通过联合学习实现多模态信息的无缝融合，获得更全面、准确的环境表征。多模态感知数据经过预处理后，被输入具身大模型进行理解和推理。具身大模型通过海量多模态数据的预训练，将多模态输入映射到一个统一的语义空间，并在此基础上进行任务理解、决策规划等高层认知。具身大模型的训练依赖于规模化数据集。多模态、多领域的大规模数据为模型提供了广泛的先验知识，使其能够应对复杂多变的现实环境。同时，数据集还可以通过数据增强、模拟环境生成等技术不断扩充，提升模型的鲁棒性和泛化能力。云边端一体计算架构通过软硬件协同设计，针对机器人应用的特点进行优化，可以大幅提升系统的实时性、能效比和可靠性，发挥云边端不同层级计算资源的优势，实现具身大模型推理、多模态感知的高效协同。

2.2.1 具身智能系统基本概念

具身智能系统的基本结构主要包括实体、任务、环境三个部分。其中，具身实体是系统的核心，主要包括机器人本体结构、传感器、执行器等部分。在特定任务中，机器人通过传感器获取对环境的感知，随后由具身智能算法生成合适的动作，将动作指令传输给执行器，执行器产生底层机器人指令并与环境进行交互，获得环境的反馈和更新后的场景感知信息，然后循环进行上述过程。机器人系统的类型往往决定了具体可以使用的传感器和执行器，常用的机器人系统类型包括机械臂、四足机器人、移动机器人、灵巧手、人形机器人等。整体来看，当前人形机器人硬件本体系统可满足人形机器人基本需求，核心零部件国产化趋势明显。尽管机器人硬件基础已初步具备，但当前人形机器人仍局限于在结构化的已知环境下对少量有限动作进行控制，全身运动控制算法的稳定性与泛化性不足，主动环境感知与人机交互能力薄弱。随着大模型驱动的具身智能技术的不断发展，大模型将有机会赋能人形机器人的运动控制和任务规划，使人形机器人技术走向成熟。

具身智能的任务由常见的抓取任务逐步演变为更加复杂的任务集合。在机械臂和移动机器人中，以ManiSkill2仿真平台为例，任务集合包括精细操作任务（如钻孔装配）、刚性物体操作（如Pick-and-Place，即拾取和放置）、铰链物体操作（如开门、开箱）、柔性物体操作（如倒水、挂毛巾）等。其中，铰链物体和柔性物体都具有复杂的模型，在策略学习中需要隐式估计位移和形变。四足机器人学习的目标是适应不同的地形，包括粗糙地面、沙地、石子路、台阶等，也有人正在研究让四足机器人学习不同的步态，如行走、跳跃、奔跑、双脚站立、跨越障碍物等。灵巧手用于测试的任务包括转魔方、旋转物体、开门、倒水等。由于集成了双足运动、双臂操作、双灵巧手等系统，人形机器人可执行的任务更为多样，几乎可以涵盖现有具身实体的所有任务。为了让机器人和人类进行更好的交互，许多任务包含了语言描述的目标，如VIMA、Calvin等，常见的语言任务描述如"将红色方块放进抽屉""按下蓝色按钮打开柜子"等，任务的执行情况通常使用执行成功率和时间效率进行衡量。

目前，具身智能任务仿真环境的发展仍然十分迅速，NVIDIA公司近期开发的Isaac Sim，通过和CUDA、NVIDIA显卡的高度耦合，能够通过硬件加速和高速并行对复杂的动力学模型进行快速仿真。此外，现有仿真器对复杂柔性物体、流体、触觉传感器的仿真仍然存在不足，仿真器环境和真实环境仍然存在较大的区别，相关技术在未来仍然有很大的发展空间。

2.2.2　具身智能大模型

具身智能大模型是具身系统实现智能化的核心技术。下面我们主要对主流大模型进行介绍，并对国内外具身领域的大模型发展情况进行梳理，以展示具身大模型应用在人形机器人领域的最新进展。

1. 主流大模型

以下我们主要介绍以大语言模型、视觉基础模型、视觉-语言模型，以及生成式大模型为代表的主流大模型，并给出相关领域的重要参考文献。

☑ **大语言模型**

大语言模型（Large Language Model，LLM）是一类通过深度学习技术训练的大规模神经网络，旨在理解和生成自然语言。在语言模型的发展中，人们先后使用前馈神经网络、循环神经网络、卷积神经网络、记忆网络等结构化概率模型进行建模，以便有效地挖掘词之间的长序列依赖关系。2018年提出的BERT（Bidirectional Encoder Representation from Transformers）语言模型使用双向Transformer结构，通过设计掩码预测和未来句子预测等自监督预测任务，进行语言模型的预训练，准确率在下游的自然语言标准任务中获得了巨大提升。2020年OpenAI提出GPT-3模型，使用更多的参数进行模型的预训练，将上下文长度扩展到2048个词元（Token），每个注意力层包含了96个注意力头。GPT-3学习得到的模型具有零样本的泛化能力，刷新了许多自然语言处理的标准任务的成绩。

近年来，大语言模型获得了快速发展。OpenAI推出ChatGPT，取得了巨大成功。根据已经公开的技术细节，ChatGPT的训练过程主要包含三个阶段。首先，进行基础语言模型的预训练，根据大量语料构建无监督的预测任务，进行长序列模型预测训练。随后，使用人工标注数据和开源数据进行指令微调（Instruction Tuning），使GPT的输出能够符合问答习惯，同时能够完成多种任务。最后，使用人类偏好数据训练奖励模型，使用强化学习中的PPO（Proximal Policy Optimization，近端策略优化）对语言模型进行优化，使模型的输出和人类偏好"对齐"。ChatGPT通过大量数据的预训练获得对上下文的理解能力和现实世界的常识，通过指令微调能够根据问题来解决不同的任务，通过强化学习优化训练能够输出符合人类偏好的结果，避免了有害回答的产生。随后，OpenAI发布GPT-4模型，提升了模型的上下文长度，同时具备了多模态理解能力。GPT-4能够识别和提取图像信息，回答更加专业的领域知识，进行数学推理和编程等，向实现通用人工智能迈出了重要的一步。

此外，常用的开源大模型还包括LLaMA、Vicuna、Phi-2等。近期，国产的大语言模型也纷纷发布，包括上海人工智能实验室的书生通用大模型、百度的文心大模型、百川智能的百川大模型、阿里巴巴的通义大模型等，这些模型具有更好的中文理解能力。

☑ **视觉基础模型**

视觉基础模型一般以卷积神经网络（如ResNet等）或者Vision Transformer（ViT）等为基础模型，通过自监督学习的方式提取图像的特征表示，随后将特征提取器用于下游任务。早期的视觉特征提取器使用分类任务进行预训练，在许多下游任务中取得了不错的效果。

如表2-1所示，MAE采用自监督的学习方式，使用掩码后的视觉输入来还原原始的图像，可以从大量无标记的图像中进行预训练。CLIP使用大量配对的图像和文本描述来学习图像的语义特征。首先，CLIP分别使用图像编码器和文本编码器得到图像和文本特征。随后，使用对比学习的目标，在特征空间内使配对的图像-文本特征的相似度最大化，同时增大不配对的图像-文本在特征空间中的距离，获得和文本理解相匹配的视觉特征。在此基础上，许多工作分别从训练数据、模型架构、损失函数、生成式辅助任务等方面进行改进。Segment Anything Model（SAM）是近期提出的视觉分割大模型，通过给定语言或视觉提示从图像中分割出对应的区域。SAM在1100万张图像的大规模数据集上进行预训练，具有很强的语义理解和泛化能力。例如，SAM能通过少量数据微调解决医学图像分割问题。近期有人在研究使用SAM获得对具身任务的场景分割，提升对具身场景的理解能力。

表2-1　主流大语言模型和视觉基础模型

参考文献	名称	描述
BERT: Pre-training of deep bidirectional transformers for language understanding	BERT	语言模型的预训练

第2章 人形机器人关键技术突破

续表

参考文献	名称	描述
GPT-4 Technical Report/Language models are few-shot learners	ChatGPT	应用最广的语言处理大模型
Vicuna: An open-source Chatbot impressing GPT-4 with 90% ChatGPT quality	LLaMA	预训练和指令微调的语言模型
A general-purpose framework to simulate musculoskeletal system of human body: Using a motion tracking approach	Vicuna	使用监督数据微调得到的模型
Phi-2: The surprising power of small language models	Phi-2	具有推理能力的小语言模型
Deep residual learning for image recognition	ResNet	基于卷积神经网络的视觉模型
An image is worth 16x16 words: Transformers for image recognition at scale	ViT	基于Transformer的视觉模型
Masked autoencoders are scalable vision learners	MAE	自监督的图像预训练
Learning transferable visual models from natural language supervision/A simple framework for contrastive learning of visual representation	CLIP	图像语义特征学习
Segment anything/Segment anything model for medical image analysis: An experimental study	SAM	视觉分割大模型

☑ **视觉-语言模型**

视觉-语言模型（VLM）同时融合了大语言模型和视觉基础模型，使模型能够同时接收图像和语言作为输入，并根据语言指令和图像信息产生输出，完成图像问答任务。

如表2-2所示，SimVLM提出了一种编码-解码的结构，将图像和文本输入编码器，从解码器中输出后续文本或回复。BLIP2提出了一种典型的VLM架构，使用预训练的图像编码器对图像提取特征，随后使用提出的QFormer结构从冻结的编码器中提取视觉特征。QFormer使用多模态信息匹配的方式进行预训练,从而对齐视觉特征和文本表征。提取的特征经过线性投影后和语言指令一起作为大语言模型的输入。Flamingo使用类似的结构,使用少量例子作为输入,使模型具备少样本泛化能力。在此基础上,LLaVa、Mini-GPT4、InstructBLIP等模型分别从模型结构、预训练任务、语言基础模型等角度进一步提升了VLM的理解和推理能力。Video-Chat,VideoLLaMa等将图片输入扩展为视频输入,使大模型能够根据语言指令和视频输入进行问答。它们在训练中使用类似QFormer的结构进行模态转换,同时引入音频来对齐视听信号,加深对视频的整体理解。然而由于视频信息的复杂性,VideoLLaMa在处理长序列视频时仍然存在困难,也受限于音频-视频-文本对齐的高质量数据集规模,只能期待未来的进一步发展。

表2-2 主流视觉-语言模型

参考文献	名称	描述
SimVLM: Simple visual language model pretraining with weak supervision	SimVLM	编码-解码结构的VLM
Blip: Bootstrapping language-image pre-training for unified vision-language understanding and generation/Blip-2: Bootstrapping language-image pre-training with frozen image encoders and large language models	BLIP2	QFormer结构的VLM
Vision-language foundation models as effective robot imitators/Flamingo: A visual language model for few-shot learning	Flamingo	少样本泛化能力的VLM
Visual instruction tuning	LLaVa	模型结构优化的VLM
MiniGPT-4: Enhancing vision-language understanding with advanced large language models	Mini-GPT4	预训练任务优化的VLM

续表

参考文献	名称	描述
InstructBLIP: Towards general-purpose vision-language models with instruction tuning	instructBLIP	语言基础模型优化的VLM
Videochat: Chat-centric video understanding	Video-Chat	视频输入的VLM
Video-llama: An instruction-tuned audio-visual language model for video understanding。	VideoLLaMa	音频-视频-文本对齐的VLM

☑ **生成式大模型**

扩散模型是一种重要的图像生成模型,在生成高质量图像方面的能力超出了传统的自编码器、显式概率模型网络和对抗生成网络。扩散模型已经在可控图像生成、文本到图像生成等方面有成功应用,DALL-E、Sora等在图像和视频生成方面也有了成功应用。在具身智能领域,扩散模型已经被用于强化学习,包括策略学习、动作规划、图像目标生成、轨迹生成等方面。多模态生成大模型(Multimodal Generative Models)能够处理和生成多种类型的数据(例如文本、图像、音频、视频等),从而实现更加丰富和复杂的内容创作。

如表2-3所示,DALL-E模型通过大规模预训练,学习了文本和图像之间的复杂关系,展示了从文本描述生成高质量图像的能力。另一个典型模型Video-LaVIT通过自回归方式预测下一个图像或文本词元,在统一的生成目标下同时处理图像和文本。此外,该模型提出了长度动态变化的离散视觉词元,减少了图像块之间的相互依赖性,增强了在大型语言模型中图像和文本表示的兼容性。多模态生成大模型可以用于模拟复杂的环境和任务场景,为具身智能体提供丰富的训练数据,提高其在真实环境中的适应性和鲁棒性。

表2-3 主流生成式大模型

参考文献	名称	描述
Improving image generation with better captions	DALL-E	图像生成
Video generation models as world simulators	Sora	视频生成
Video-laVIT: Unified video-language pre-training with decoupled visual-motional tokenization	Video-LaVIT	自回归方式预测

2. 国内外机器人领域的大模型发展

图2-4展示了国内外具身大模型发展进程。在国外，大模型发展呈现出快速迭代和多元发展的趋势，正在逐步推进多模态融合以及端到端的学习范式，自2023年开始大量研究成果涌现。Microsoft团队发表了一篇关于ChatGPT在机器人领域应用的技术报告，展现了大语言模型与机器人控制结合的可能性。Google和德国柏林工业大学合作提出了当时参数规模最大的具身智能多模态视觉语言模型（VLM）——PaLM-E，实现了多模态信息到决策的流程贯通。Google的RT系列从基础任务操作逐步进化，实现人机协作，并不断强化多模态信息的融合处理及泛化能力。OpenAI也通过与Figure AI合作推动GPT-4V在人形机器人领域的应用。

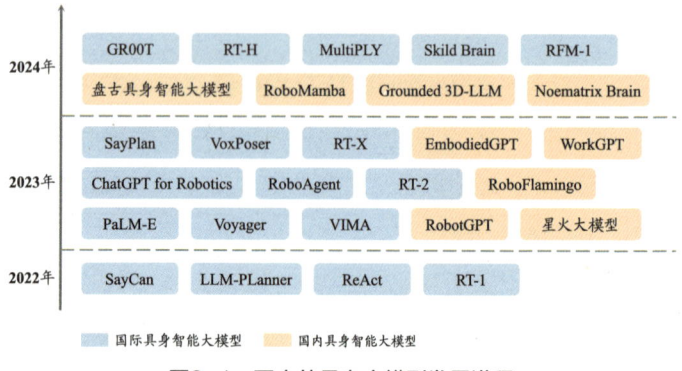

图2-4 国内外具身大模型发展进程

第2章 人形机器人关键技术突破

我国在具身智能大模型领域起步较晚，但发展势头迅猛，产业界和学术界正在加速探索具身大模型的创新应用。

☑ **科技大厂布局具身大模型赋能机器人产业**

如图2-5所示，华为发布的盘古具身智能大模型，能够让机器人完成10步以上的复杂任务规划，并且在任务执行中实现多场景泛化和多任务处理。同时盘古具身智能大模型还能生成机器人需要的训练视频，让机器人在各种复杂场景中更快地学习。搭载盘古具身智能大模型的乐聚人形机器人"夸父"完成了识别物品、问答互动、击掌、递水等互动演示。

图2-5 盘古具身智能大模型[1]

百度与优必选合作，让人形机器人Walker S接入文心大模型，进行具身智能应用升级训练。通过拓展具身智能技术的应用场景，接入AI大模型的Walker S在语义理解、语言交互、智能任务管理等方面都有了显著进步。人形机器人能调用文心一言，进行子任务拆解和推理，配合视觉语言模型，确保异常检测的高精度并实现泛化抓取，从而保证任务在有干扰情况下顺利执行。如图2-6所示，搭载文心大模型的Walker S具备了叠衣服等技能。

---

1 华为盘古大模型5.0发布会。

图2-6 搭载文心大模型的Walker S展示叠衣服[1]

字节跳动发布的RoboFlamingo是一个基于开源多模态语言视觉大模型的机器人操作模型，通过简单微调即可应用于语言交互机器人操作任务。RoboFlamingo在基于语言的机器人操作数据集CALVIN上进行了验证，实验结果表明，RoboFlamingo只利用了1%的带语言标注的数据，即在一系列机器人操作任务上取得了SoTA的性能，并且能够通过开环控制实现实时响应，灵活部署在较低性能的平台上。图2-7所示为RoboFlamingo与现有视觉语言操作解决方案的对比。

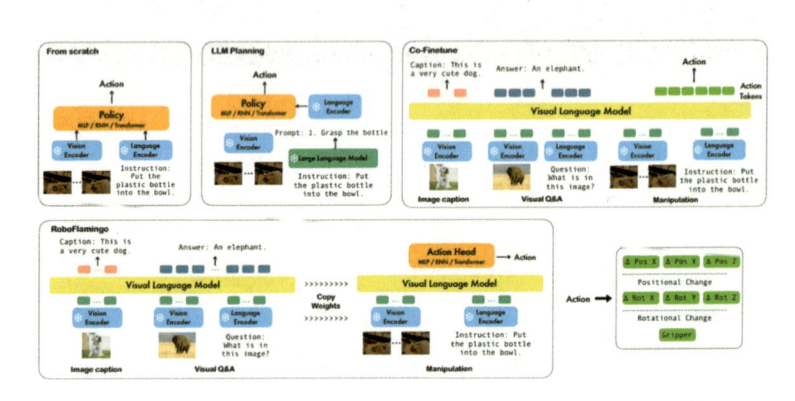

图2-7 RoboFlamingo与现有视觉语言操作解决方案的对比[2]

---

1 深圳发布：《优必选×百度，Walker S接入文心大模型》。
2 相关内容请参考："Vision-Language Foundation Models as Effective Robot Imitators"。

此外，字节跳动发布的GR-2可通过模仿人类成长过程的训练方法学习复杂技能，如图2-8所示。

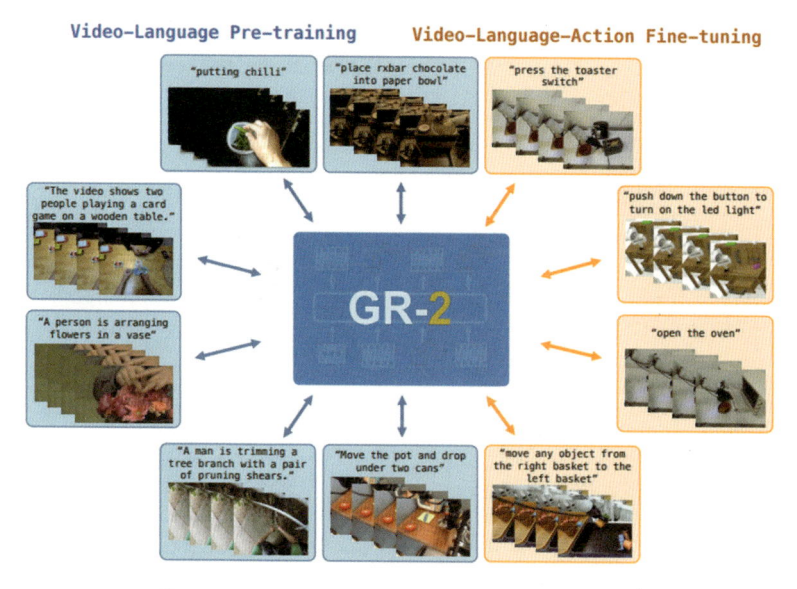

图2-8　GR-2视频生成预训练和机器人数据微调[1]

在预训练阶段，GR-2通过观看大量互联网视频学习人类的日常行为模式，训练中涉及3800万个视频片段，这使得GR-2在随后的策略学习中能够跨任务和环境进行泛化。GR-2还支持使用机器人轨迹数据继续进行微调。GR-2在100多个任务中的平均成功率达到了97.7%，并在以前未见过的场景中表现出色，包括新的背景、环境、对象和任务。

---

[1] 相关内容请参考："GR-2: A Generative Video-Language-Action Model with Web-Scale Knowledge for Robot Manipulation"。

☑ 人形机器人厂商基于整机产品自研

智元远征系列机器人采用的WorkGPT是百亿个参数级别的大模型，充分利用了语言和图像大模型的庞大先验知识库和强大的通识理解能力。如图2-9所示，在其具身智脑EI-Brain架构中，能够实现复杂的语义多级推理能力。

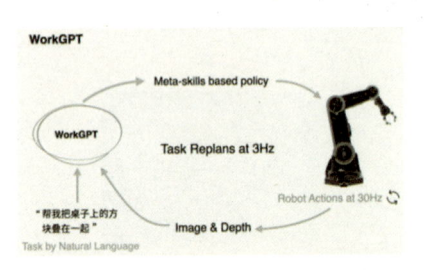

图2-9 智元WorkGPT示意图[1]

达闼RobotGPT具备多模态（文本、语音、图片、视觉、运动、点云等）融合，以及感知、认知、决策和行为全链路生成能力，并能够通过基于人工反馈的强化学习完成快速智能进化，实现机器人理解人类语言，自动分解、规划和执行任务，与人类进行实时交互以及推动具身智能的自主进化。图2-10所示为达闼RobotGPT架构。

☑ 专注具身智能赛道的科技创业公司

穹彻智能推出的具身大脑Noematrix Brain是具备全链路具身智能的技术框架，包含了两个具身智能大模型：实体世界大模型和机器人行为大模型。

图2-11所示的Noematrix Brain可以看作此框架中主要助推

---

1 智元远征A1发布会。

器，承担了推进物理操作常识和智能体行为决策的联合训练的重担。以两个大模型为基础，穹彻智能具身大脑得以具备规划、记忆、执行三种核心能力。

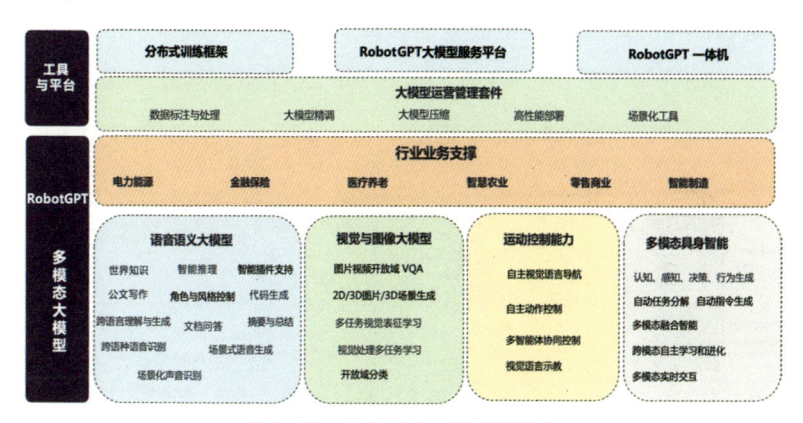

图2-10 达闼RobotGPT架构[1]

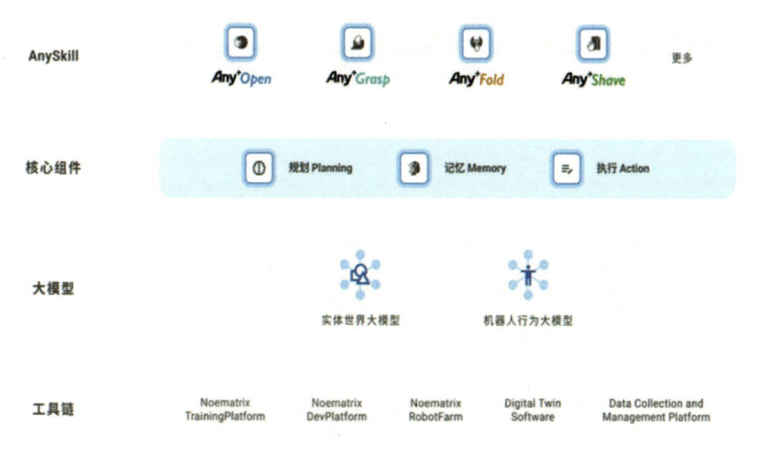

图2-11 穹彻智能具身大脑Noematrix Brain[2]

---

1 2024人形机器人开发者大会：《人形机器人是人类的第三台计算机》。
2 机器之心：《穹彻的具身智能大脑来了》。

☑ 院校及研究机构的探索创新

如图2-12所示，HMI Lab依托北京大学视频与视觉技术国家工程研究中心等平台，推出了端到端机器人大模型MLLM-RoboMamba，创新地将视觉编码器与高效的Mamba语言模型集成，构建了全新的端到端机器人多模态大模型，其具备视觉常识和机器人相关的全面推理能力。

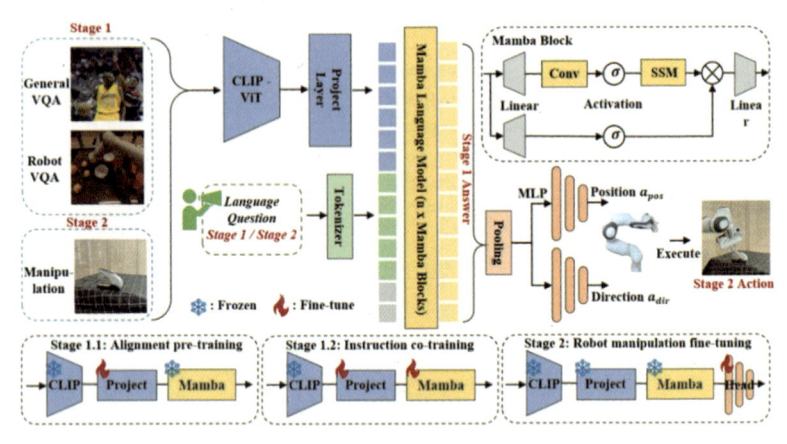

图2-12 RoboMamba整体框架[1]

如图2-13所示，上海人工智能实验室团队发布的具身多模态大模型Grounded 3D-LLM，能够自动化生成物体和局部区域的场景描述，并生成具身对话数据，有效缓解了目前三维场景理解的局限性。

---

1 相关内容请参考："RoboMamba：Multimodal State Space Model for Efficient Robot Reasoning and Manipulation"。

第2章 人形机器人关键技术突破

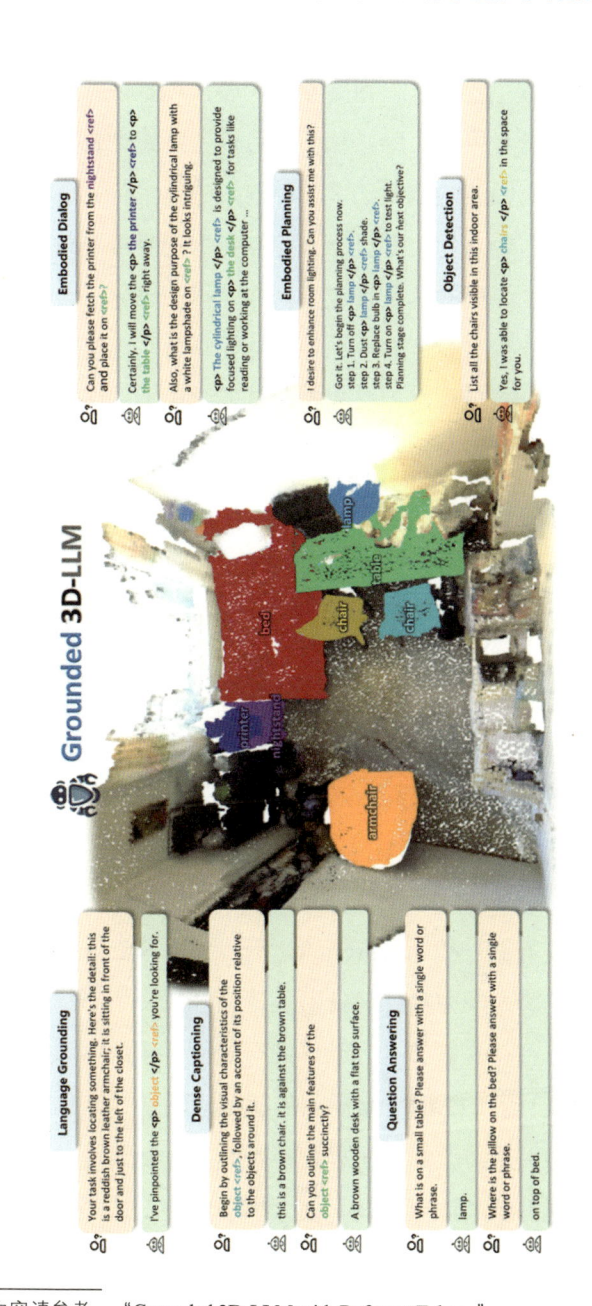

图2-13 Grounded 3D-LLM三维场景理解[1]

---

1 相关内容请参考："Grounded 3D-LLM with Referent Tokens"。

总体来看，我国在端到端学习和多模态融合方面正在逐渐缩小与国际先进水平的差距。然而，目前完全端到端的具身大模型在人形机器人领域的应用仍是一种前沿的技术范式，其要求能够实现从传感器输入到人形机器人控制指令的直接映射。尽管当前的一些先进的多模态具身智能模型在多模态融合、直接映射和迁移学习方面取得了显著进展，但仍然面临着实现全面的传感器集成、确保实时闭环控制、提高跨任务泛化能力、增强系统鲁棒性和安全性、提升模型可解释性和可控性、实现长期记忆和持续学习能力等一系列挑战。具身大模型的出现已经成为向完全端到端具身大模型发展的重要里程碑，但在实现真正的、全面的端到端智能控制方面，仍有待进一步的技术突破和系统性创新。

2.2.3 大模型驱动的具身基础策略

1. LLM/VLM驱动的基础策略

如图2-14所示，在基于大模型的任务规划中，虽然反馈机制和搜索机制能在一定程度上提升规划性能，但仍然存在两个不足：①在执行具身任务的规划中，大模型权重是不进行调整的，主要依靠任务描述和场景prompt（提示词）来进行泛化，有一定的局限性。②大模型需要将任务描述转换成规划，然后使用机器人底层技能库将规划转换为动作进行执行，较为依赖机器人底层技能库的设计。LLM/VLM驱动的基础策略基本结构如图2-14所示，主要特点是将原始的大模型参数作为基础策略，并利用具身数据对大模型参数进行微调，使大模型能够更加适应具身决策场景，减轻对底层技能库的依赖，从而提升决策效率。

第2章 人形机器人关键技术突破

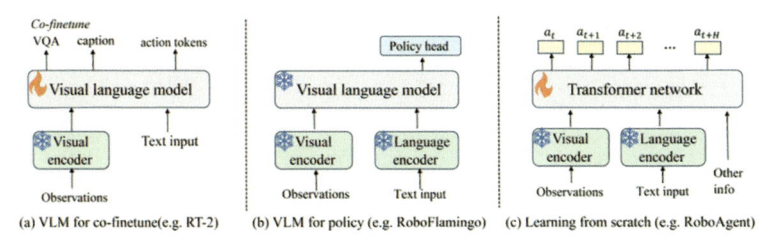

图2-14 LLM/VLM驱动的基础策略基本结构

☑ **大模型微调的决策规划**

大语言模型在直接产生任务规划时比较依赖模型中编码的知识。由于大模型缺乏具身任务规划的相关知识，且在具身任务规划时不对大模型参数进行调整，所以大模型需要使用额外的反馈模块来对产生的不合理规划进行迭代。现有研究指出，一种更为直接的方式是使用具身智能数据对大模型原有的预训练参数进行微调，使其适应具身智能任务场景。此时，可以认为预训练的大语言模型和视觉语言模型将作为具身智能的基础策略，在进行微调后就能得到具身大模型。

PaLM-E是Google提出的一种具身规划大模型。由于具身数据含有状态、图像等输入，PaLM-E首先将这些输入进行编码，使其进入和大语言模型输入相同的潜变量层，随后基于大语言模型的自注意力机制将这些输入和文本输入以相同的形式进行处理。PaLM-E最终输出用语言描述的任务规划，与收集的数据集中的任务规划结果对比，进行端到端的训练。PaLM-E能够处理多模态的输入数据，将具身智能数据和视觉问答、语言问答任务等数据进行共同训练，能够处理多种复杂问题。Embodied-GPT算法收集了基于Ego4D的人类操作问答数据集，并指出该数据集能够更好地迁移到具身智能的任务中。同时，Embodied-GPT使用了更轻量级的7B语言模型进行微调，在底层使用模仿学习的方法将单步的规划转换成底层策略进行执行，在Franka Kitchen、Meta-World等测试任务中超过了R3M、BLIP-2等通过预训练表征来进行策略学习的方法。

☑ **大模型微调的策略学习**

大模型驱动的具身任务规划能够在语言层面产生指令，随后将语言指令转化为机器人动作进行执行，存在任务-规划-动作（Task-Plan-Action）的两步映射关系。其中，在进行规划-动作映射时需要根据机器人已经构建的底层技能库来完成任务。相比较而言，模仿学习和强化学习算法能够根据任务和当前智能体的状态直接输出动作，其中任务分解流程是隐式完成的。为了将大模型驱动的决策任务简化为由任务到动作的直接映射，LaMo算法尝试使用小规模GPT-2语言模型作为离线强化学习的基础策略，使用Decision Transformer（DT）的条件模仿学习框架进行训练。在训练中，不对大语言模型的参数进行全量学习，而是使用大模型轻量级微调技术LoRA对模型参数进行微调，尽可能多地保留大模型自身编码的知识结构。在经过微调后，LaMo能够将语言模型编码的知识和强化学习决策任务结合，使GPT-2以较小的微调代价适应离线决策任务。

Google提出的Robot Transformer（RT）系列使用了更大规模的语言模型和更多的具身智能任务数据，在许多具身智能任务中都获得了出色的效果。RT-1算法使用预训练的EfficientNet-B3网络进行初始化，以机器人状态和历史图片作为输入，通过

EfficientNet特征提取后直接输出动作。RT-1将机器人动作的每个维度均匀离散化,将动作Token化(Token是处理文本的最小单元),使用监督学习的损失函数进行训练。RT-2算法整体使用大规模预训练的视觉-语言模型结构,模型参数可以达到55B(即5.5×10^{10})级的参数量,远超RT-1的参数规模,同时利用大规模预训练模型VLM中编码的丰富的视觉问答知识来帮助具身模型的训练。RT-2将输出的动作进行和RT-1相同的离散化操作后,将Token加入VLM原先的词表中,可以把动作Token视为另外一种语言进行处理,无须改变原有VLM结构设计。

由于RT-2已经在海量的视觉问答任务中进行了预训练,所以在对图片和任务指令的理解上有更加丰富的经验,在任务集合上具有更强的泛化能力。RT-X架构在RT-2模型的基础上,收集并整理了来自全球60多个实验室的丰富的机械臂数据,覆盖了22个具身实体和527种不同的具身实体类型,共计16万种不同任务。训练得到的具身大模型对场景和任务具备更丰富的理解和泛化能力,同时由于具身实体的动作空间不同,得到的策略在动作空间中具有更强的泛化能力。

RT系列模型虽然取得了好的效果,但对于后续模型结构和训练细节的开源层次不高,研究人员往往难以完全复现其性能。面对该问题,RobotFlamingo架构基于开源的视觉-语言模型Flamingo构建具身决策模型。在输入中使用预训练的视觉编码器和语言编码器将视觉观测和语言指令进行特征提取,使用预训练的开源Flamingo模型进行特征融合并产生针对任务的回答,在Flamingo的输出层加入策略预测网络并直接输出动作。SAM-E算法利用视觉分割模型SAM强大的可提示感知能力，通过解析文本指令使模型关注到场景中的被操作物体，从而理解三维操作空间。LEO算法提出了三维场景的理解和语言问答大模型，通过三维场景-语言问答和场景-语言-动作对齐，能够产生三维空间中的具身策略。

3D-VLA算法在3D大语言模型基础上加入目标生成能力，能够进行多模态目标生成和场景理解，同时能够进行目标定位、动作预测等。OpenVLA和Octo以大语言模型为基座，推出了开源的视觉语言-动作模型，其能够用于真实机械臂的控制。

☑ **大模型驱动的直接策略学习**

虽然上述基于大模型的策略取得了不错的效果，但大模型具有较大的参数量，在机器人任务中需要更大的算力和时间消耗，具有较低的决策效率。在上述结构的启发下，有部分研究采取自行设计的Transformer网络结构，直接使用机器人数据从头开始训练网络，在部分具身决策任务中取得了不错的效果。

斯坦福大学提出的ALOHA结构使用Transformer编码-解码网络结构，以不同方位观测到的图像作为输入，通过解码器直接输出机械臂动作。为了解决长周期决策问题，ALOIIA使用动作分块的概念，一次预测多个时间步的动作序列，增强了长周期任务中动作预测的整体性。在硬件方面，该研究搭建了低廉的ALOHA开源双臂机器人实验平台，使人类能够便捷地完成示教数据采集，仅使用采集的机械臂数据进行训练。进一步地，斯坦福大学团队搭建了Mobile ALOHA移动平台，其通过专家示教数据的模仿学习能够完成滑蛋虾仁、干贝烧鸡、蚝油生菜等菜品的制作，其出色的效果获得了广泛关注。

HiveFormer、RVT等算法相继提出了3D空间中的机械臂模仿学习架构，以多视角的机器人观测数据作为输入，使用CLIP和Transformer结构进行语言和视觉特征提取和融合，直接预测机器人在6D空间中的抓取位姿，在RLBench测试平台和真实3D机械臂抓取任务中达到了当前最好的效果。

Google提出的RoboCat结构使用跨实体、跨任务的具身模仿学习框架，在使用VQ-GAN对视觉输入Token化之后，使用标准的DT回归损失，根据历史的状态、目标信息等对未来的智能体动作和观测进行预测。同时，RoboCat能够生成部分虚拟数据进行训练，不断提升智能体的能力。在新任务上，RoboCat仅需100~1000个示教样本就能完成快速策略泛化。

FAIR提出的RoboAgent算法使用SAM模型对场景中的物体进行检测并进行数据增强，快速提升场景中物体的丰富程度，从而在不同物体类型上有更好的泛化效果。此外，RoboAgent使用Transformer编码-解码框架，使用视觉观测、任务描述、机器人状态等作为输出，对动作序列进行预测，使动作序列预测的误差最小化。

☑ **大模型驱动的世界模型策略**

大模型能够帮助智能体构建环境转移模型，也被称为世界模型（World Model，WM）。世界模型如Dreamer、TD-MPC、IRIS等可以为环境建模，随后在隐空间或原始轨迹中生成智能体轨迹，最后利用这些轨迹并结合基于模型的强化学习或模型预测控制等方法来获得最优策略。由于该过程同时属于大模型数据生成的一部分，相关内容将在2.2.4节介绍。

2. Diffusion驱动的基础策略

☑ 基于扩散模型的动作规划

扩散模型作为一种图像生成模型，通过前向的噪声扩散过程得到高斯噪声，通过多步逆向的去噪过程恢复出原始图像。在图像生成领域，扩散模型能够为高维度的复杂数据建模已经被验证，因此在具身智能任务中被用于为高维度的决策序列建模。具体地，扩散模型可以直接作为策略规划器（Planner），通过对状态-动作序列$[(s_0, a_0), ..., (s_T, a_T)]$的整体建模，能够从原始噪声中还原出整条决策轨迹，从而在执行时作为规划器来生成未来的轨迹。

Diffuser是一种典型的将扩散模型作为规划器的算法，在建模时使用历史轨迹作为条件，使用奖励引导进行轨迹生成，能够根据历史轨迹生成未来的高奖励轨迹规划。Decision Diffuser进一步增强了条件生成的能力，使用无分类器（Classifier-Free）引导的条件生成方法，将回报函数、任务描述、技能描述、约束条件等作为条件进行可控的扩散动作生成，使扩散模型生成的轨迹满足多种混合的条件，提升了扩散模型在决策任务中的规划能力。

MetaDiffuser使用Meta-Learning的框架，对任务轨迹使用上下文编码器进行编码，并将编码向量作为条件进行轨迹生成。在扩散模型生成中，显式地使用环境模型预测损失，可引导模型生成符合环境动力学的轨迹。在测试中，通过将测试任务的示教轨迹进行上下文编码，该模型能够扩展到新任务的轨迹规划中。

MTDiffuser增强了扩散模型在多任务规划中的泛化能力，将任务的示教数据编码后作为扩散模型的提示，使用条件生成过程引导扩散模型生成具有显著差异的多任务轨迹，在具身多任务规划问题中取得了出色的效果。

ChainedDiffuser增强了扩散模型在长序列决策任务规划中的能力，使用层次化的方法首先产生高层任务的规划，如需要达到的关键目标位置等，随后使用底层扩散模型生成从当前状态到规划目标的动作轨迹。

目前，由于大规模预训练扩散模型主要用于图像生成、代码生成、文本生成等具有大量开源数据的场景，暂未有典型的将预训练扩散模型参数用于具身任务的成果。

☑ **基于扩散模型的策略生成**

扩散模型在直接进行动作规划之外，还可以作为智能体的策略和模仿学习、强化学习算法进行结合，在现有学习框架中进行训练。在一般的学习框架中，策略使用确定性函数或高斯分布进行建模，策略输出仅能表示单峰或多峰的策略分布。然而在许多人类示教数据中，不同人类专家在相同状态下采取的策略分布是非常多样的，策略建模具有高度的复杂性，使用扩散模型进行策略建模在复杂决策任务中更有优势。

Pearce等使用扩散模型在模仿学习框架下对人类的复杂动作分布进行建模，能够在大规模机器人决策任务中达到更好的效果。BESO算法在目标导向的模仿学习框架中使用随机微分方程来进行动作建模，同时使用非最优多样化轨迹进行训练。SfBC算法将策略学习过程分解为基于扩散模型的动作建模和基于强化学习的动作评价，使用值函数加权的重要性采样方法从扩散模型中进行动作选择。Diffusion-QL算法在强化学习框架下使用扩散模型作为基础策略，使用最大化值函数的学习目标对动作扩散模型进行训练，更好地为离线强化学习数据集的动作分布建模。EDP算法提出更加高效的动作采样流程，从中间噪声状态可以一步恢复到原始动作，可以和不同的离线强化学习框架结合。IDQL算法将扩散模型和模仿学习策略进行结合，用于使值函数或优势函数最大化，提升离线强化学习的效果。Zhu等对扩散模型在决策问题中的研究进行了综述。扩散模型驱动的动作规划和策略学习的基本结构如图2-15所示。

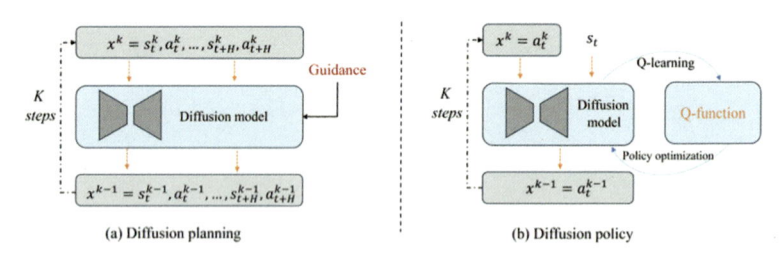

图2-15 扩散模型驱动的动作规划和策略学习的基本结构

虽然大模型提供了可泛化的控制方法，但该方法仍可以与传统控制方法结合：①传统控制方法具有精确和稳定的优势，例如比例-积分-微分（PID）控制、状态反馈控制和模型预测控制（MPC）等有明确的数学模型，能提供高精度和高鲁棒的性能。②传统控制算法通常是实时运行的，计算复杂度较低，且工作原理和结果可通过数学推导和物理直观解释，便于调试和验证。在应用中可以采用混合控制架构，使用传统控制方法处理低层次的、高频的控制任务（如稳定性和精度控制），而使用大模型驱动的方法处理高层次的、低频的决策任务，提高策略的收敛性和稳定性。

2.2.4 具身智能数据集

人形机器人"大脑"的训练和优化的核心瓶颈之一在于缺乏大规模、高质量的数据集支持。在现有的数据采集方法中,单一来源的数据集往往存在覆盖面不足、场景单一等局限性。相比之下,多源异构的大规模数据集展现出显著优势,能够涵盖更广泛的环境、任务和交互场景,为人形机器人提供了丰富的先验知识和学习样本。大规模数据集的构建方法包括人类示教、人类作业等真实世界采集、虚拟仿真生成以及人工标注等。这些方法在数据多样性、标注效率和成本控制等方面各有特点。基于大规模、多模态的数据集进行训练能够有效提升人形机器人在复杂、动态环境中的适应性和泛化能力。下面分别介绍世界模型和仿真环境的数据生成。

1. 世界模型的数据生成

世界模型的构建是具身智能研究的重要内容。在狭义上,世界模型能够帮助智能体对未来的状态和轨迹进行预测,对基于模型的强化学习算法和模型预测控制算法进行帮助。在广义上,世界模型可以揭示物理世界的运行规律,包括智能未来的视觉观测如何改变,状态如何根据策略和环境动力学函数进行转移,以及最终智能体在世界模型中将会收敛到的状态等。

人类对世界的运行规律具有基本的常识(基于经验、知识、物理定律等),能够在大脑中快速推演执行某个动作后产生的后果。世界模型致力于复刻人类的此种能力,通过理解复杂物理世界的运行规律,对执行动作产生的未来状态转移进行估计,而在当前状态进行最优动作的选择。同时，在世界模型中进行推演能够产生大量的推演数据轨迹，这些数据能够帮助智能体理解策略的执行情况，丰富强化学习或模仿学习的训练数据，并进行策略的改进。

从架构上，现有的世界模型的构建方法主要包括以下3类：Latent-space世界模型、Transformer世界模型、Diffusion世界模型。图2-16中对比了3种世界模型的典型架构，下面将分别进行介绍。

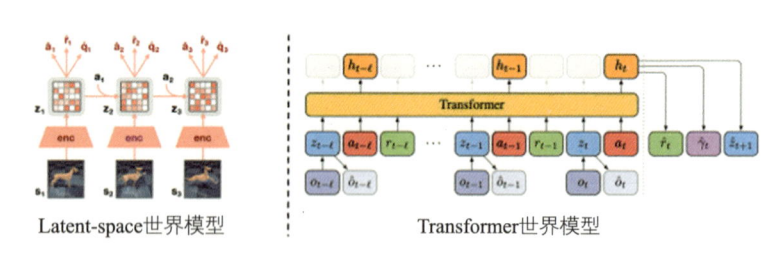

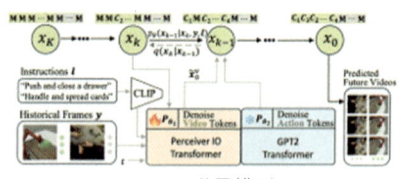

图2-16　具身智能中世界模型的典型架构[1]

☑ **Latent-space世界模型**

Latent-space世界模型以Dreamer系列工作为代表。为了避免在图像观测空间中直接构建环境模型 $p(o_{t+1}|o_t,a_t)$ 带来的建模困难，Dreamer首先将视觉观测映射到表征空间中，随后在表征空

1　相关内容请参考：《大模型驱动的具身智能：发展与挑战》。

间中进行环境模型$q(s_{t+1}|s_t,a_t)$的构建。在隐空间中进行建模和推理能够降低模型在多步环境模型预测中的误差，避免使环境模型过于关注图像重建的细节。Dreamer在学习隐空间环境模型的同时学习如何从隐空间重建原始状态，以及从隐空间预测奖励函数，可以根据对未来多个时间步的状态和奖励的预测结果获得更为准确的价值估计。

Dreamer在后续改进中将性能进行了提升，包括使用离散的隐变量空间，以便于对环境中的离散环境转移建模，以及进行跨域任务训练等。

在Dreamer基础上，研究人员相继提出了多种隐空间的环境模型构建方法。TD-MPC针对连续控制问题，使用非观测重建的方式在隐空间内构建环境状态转移模型，随后使用模型预测控制算法进行策略求解，将隐空间模型预测的短期奖励和值函数学习相结合，对回报进行评估。

TD-MPC通过改进损失函数提升了鲁棒性，同时通过提升模型容量和结构设计使世界模型能够容纳来自多种具身实体任务的数据，能够在80多个来自不同实验平台的仿真环境中达到出色的效果。

TD-MPC随后被扩展到离线场景中，可以从机器人采集的离线数据中学习环境模型，通过离线强化学习和值函数学习的方式避免了泛化误差的产生，能够在真实机器人中进行应用。

MV-MWM算法将隐空间环境模型的构建扩展到多视角观测中，利用机器人多个视角的相机输入学习表征，随后在表征空间中构建跨视角的环境模型，学习到的策略能够对视角的变化有鲁棒性。

APV算法和ContextWM算法针对机器人数据缺乏的问题，提出利用大规模人类操作数据集进行联合训练，首先在无动作标记的数据集中训练隐空间预测模型，随后加入动作标记数据，进行隐空间环境模型预测和奖励预测的微调，大大提升了无标签数据的利用率。

Dynalang将模型扩展到多模态数据，能够同时预测图像和文本表示的状态变化。

☑ Transformer世界模型

Transformer世界模型的雏形可以追溯到Trajectory Transformer（TT）。TT将连续控制任务中的状态和动作以分桶的形式转化为词元，再通过查询每个词元获得其对应的嵌入表示，有效地增加了轨迹序列在嵌入空间里的表达长度和语义。随后TT使用Transformer结构，根据当前状态和动作对未来的状态词元进行预测，在进行最优策略求解时使用Beam-Search规划方法在多种未来的可能轨迹中搜索最优动作，验证了Transformer世界模型与规划方法结合的优越性。

TransDreamer算法使用Transformer替换了Dreamer世界模型中使用的循环神经网络，并提出了Transformer状态空间模型。TWM参考了Dreamer系列工作的设计思路，保留使用离散的隐变量空间刻画环境跳转过程的模块，同时加入了均衡采样，以避免Transformer世界模型在早期采样的轨迹上过度学习。

IRIS算法进一步释放了Transformer精确捕捉数据长时序依赖关系的潜力，首次正式提出了基于词元的Transformer世界模型，舍弃了用离散的隐变量空间刻画环境跳转过程的模块，使用VQ-VAE对当前视觉观测进行离散化的词元表征，以自回归的方式直接预测未来的视觉观测词元，而非在预测出未来的隐变量表征后再间接预测重建的视觉观测。IRIS使用更为直接的观测和预测方法，带来了更为精确的观测重建，在十分苛求样本效率的Atari-100K环境里给出了卓越的表现。

REM算法考虑了Transformer在生成轨迹时自回归串行的推理效率瓶颈，提出了并行观测预测机制，将推理效率提升至IRIS的7~8倍。

STORM算法在TWM的工作基础上借鉴了IRIS的优势，在融合观测和动作两种模态后形成单一词元，在Atari-100K上取得了最好的结果。

MARIE算法提出了多智能体领域的Transformer世界模型，通过结合分散式共享的世界模型和集中式智能体表征，获得了更好的多智能体协同表现。

iVideoGPT提出了高效的词元压缩表示，通过人类操作和机器人视频预测进行Transformer模型预训练，随后添加动作条件和奖励预测进行微调。iVideoGPT可用于视频轨迹生成和规划，能够和强化学习算法结合进行策略学习。

Genie算法使用大量视频数据训练词元编码器和隐动作模型，随后构建时空Transformer网络进行视频预测的环境模型训练，能够进行以动作为条件的长序列视频生成。

☑ Diffusion世界模型

Diffusion世界模型在近期受到了广泛关注，OpenAI提出的

Sora视频生成模型被认为是基于其的世界模拟器。与隐空间世界模型不同，Sora可以根据语言描述在原始的图像空间中生成多步的图像预测，组成长达60s的内容连贯的视频。在实现上，Sora使用编码网络将视频和图像表示为词元，随后使用超大规模的扩散模型在编码中进行加噪和去噪流程，随后将去噪后的词元映射到原始的图像空间中。Sora在具身智能任务中有着广泛的应用前景，可以根据机器人任务的描述和轨迹先验生成智能体在后续时间步的轨迹视频，将生成的视频序列用于基于模型的强化学习、蒙特卡洛树搜索和MPC算法。在Sora大规模扩散模型提出之前，已有多个小规模的扩散模型用于具身智能数据生成。

SynthER算法使用扩散模型学习低维的强化学习离线轨迹数据集，可以生成轨迹数据来对原始数据进行增强。在相同的离线强化学习算法训练下，SynthER产生的数据能够获得比原始数据集训练更好的效果，表明扩散模型可以学习轨迹数据中的状态表示和动力学方程，生成的数据和原始轨迹保持了高度一致性。

MTDiff算法将扩散模型用于多任务轨迹生成，提出使用任务专家轨迹作为prompt，来指导生成符合该任务目标和动力学的智能体轨迹。MTDiff可以直接使用混合的多任务智能体轨迹进行学习，根据任务提示生成多样化的轨迹，从而有望将扩散模型用于大规模数据集上的通用决策问题。

UniPi算法提出直接在图像空间对智能体的轨迹进行建模，使用扩散模型根据语言输入和初始图像对未来的视频关键帧进行生成，随后在时间序列中进行超分辨操作，以获得一致性增强的密集图像序列。UniPi通过训练逆环境模型对生成的视频进行动作补全，可以直接用于智能体决策。

UniSim算法进一步增强了扩散模型在轨迹预测方面的性能，使用互联网数据和机器人交互视频进行联合训练，得到的模型能够根据高层和低层任务指令对长序列视频轨迹进行预测，类似于真实世界的模拟器。

RoboDreamer算法将组合指令分解为单个指令并分别使用扩散模型进行视频轨迹生成，同时可以扩展到多模态的指令集合上，如目标图像、目标草图等。

VPDD算法使用大规模人类操作数据集训练轨迹预测模型，随后加入少量动作标签数据微调动作生成模块，减轻了对大量机器人交互数据的需求。

Pandora架构结合了预训练的大语言模型和扩散模型视频生成器，通过以动作为条件的视频预测训练和指令微调进行可控视频生成。表2-4展示了世界模型的具身数据生成算法。

表2-4 世界模型的具身数据生成算法

分类	代表性算法
Latent-space model	Dreamer, Dreamer-v2, Dreamer-v3, TD-MPC, TD-MPC2, TD-MPC-Offline, MV-MWM, APV, Content WM, Dynalang
Transformer model	TT, Trans-Breamer, TWM, IRIS, REM, STROM, MARIE, GR-1, iVideoGPT, Genie
Diffusion model	SORA, SYnthER, MTDIff, UniPi, UniSim, RoboDreamer, VPDD, Pandora

2. 仿真环境的数据生成

在使用世界模型中编码的知识进行数据生成之外，大模型可以借助现有的仿真环境进行自动化的环境生成和数据采集。大语言模型的使用可以大大提升任务的多样性,降低任务仿真环境编写的难度,提升机器人数据的多样性。

GenSim框架是MIT提出的使用大语言模型进行自动任务提出、自动环境构造、自动任务解决、自动数据采集的全流程框架。首先,大语言模型根据简短的任务描述和任务需求来生成相应任务的仿真场景代码搭建,还提供一套自动化的流程来验证仿真环境的可行性,并进行迭代修正。其次,大语言模型能根据不同任务生成的仿真环境构建一个高质量大模型生成的任务库,用于在构建新任务时进行检索和反馈优化。最后,根据任务搭建的流程,大语言模型可以采集大量专家数据,在现有模仿学习架构的基础上训练模仿学习策略。

GenSim框架可以用于根据目标任务来搭建仿真环境并产生目标任务的数据,也可以利用大模型的能力进行探索来产生新颖的任务和数据。GenSim的不足之处是仅面向Ravens仿真器中的机械臂抓取任务。

RoboGen框架进一步提出更为通用的仿真环境生成器,可以在机械臂、移动机器人、四足机器人、灵巧手等主流的具身实体上生成仿真环境。首先,RoboGen使用现有仿真环境中存在的物体,大语言模型根据对物体功能及如何进行交互的理解来提出有意义的任务。其次,大模型根据任务中需要的场景和目标,通过调用仿真器底层函数来搭建符合该任务描述的仿真环境。大模型对任务进行分解,对子任务选择强化学习、模仿学习、轨迹优化等算法进行求解,最终产生能够解决不同任务的策略和数据。RoboGen仿真环境和数据生成框架如图2-17所示。

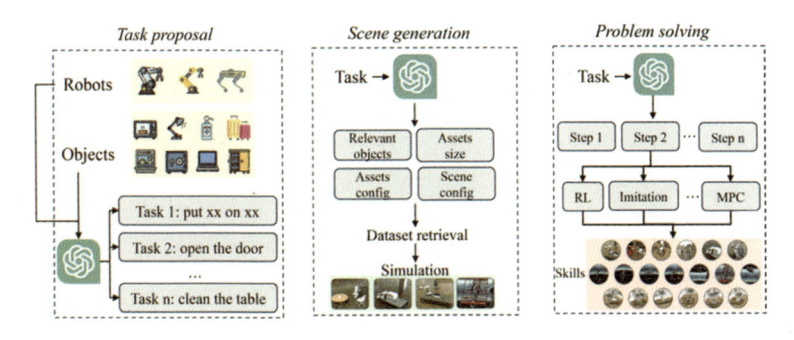

图2-17　RoboGen仿真环境和数据生成框架[1]

3. 国内外企业具身数据集建设情况

国外企业对于大规模数据集的建设相当重视，斯坦福大学和DeepMind合作的开源静态ALOHA数据集共有825个演示任务。CMU和Meta发布的RoboSet数据集包含了超10万条轨迹数据。此外，DeepMind又汇集了来自22种不同机器人类型的数据，创建了Open X-Embodiment数据集，如图2-18所示。这是目前最大的开源真实机器人数据集，它包含了超过100万条真实机器人轨迹，该数据集也让基于其研发的RT-2机器人在制造和编程方式上有了重大飞跃。

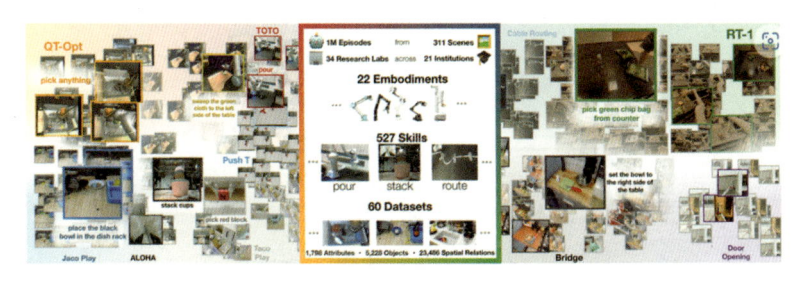

图2-18　Open X-Embodiment数据集概览

---

[1] 相关内容请参考："Robogen: Towards Unleashing Infinite Data For Automated Robot Learning Via Generative Simulation"。

而在国内，大规模数据集的缺失已经成了人形机器人产业发展的共性问题。以人形国创中心为首的人形机器人产业牵引单位已经开始着手构建人形机器人大规模数据集，赋能人形机器人具身智能大模型的预训练、微调及评测等。

☑ **人形国创中心成立开源数据联盟，构建开源数据集**

如图2-19所示，人形国创中心拟邀请3C电子、智能制造、安防巡检、工业物流、家政服务、特种应用等100多个行业的合作伙伴共建开源数据联盟，依托OpenLoong社区与麒麟训练场构建全球最大的人形机器人开源数据集"白虎"数据集，并提供开源数据处理全流程工具箱。

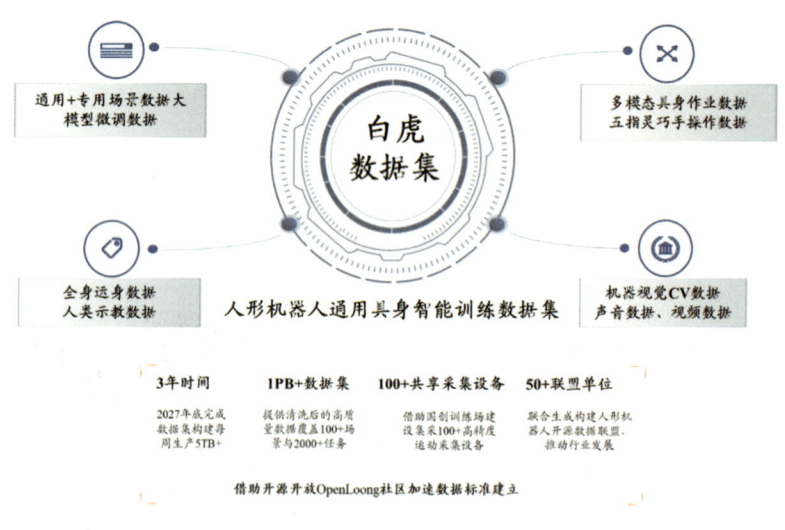

图2-19 人形国创中心白虎数据集建设规划

☑ **上海机器人产业技术研究院建设开放数据集**

上海机器人产业技术研究院联合上海交通大学、复旦大学、同济大学的科研团队，以及傅利叶智能、智元等企业，启动了人形机器人数据集建设项目，该项目旨在建立一个产业共性技术研发项目，数据集建成后将向国内企业和科研团队开放，用来训练人形机器人大模型。

☑ 智元机器人拟开源具身数据集

基于自有机器人数据积累，智元机器人拟开源业界首个百万条真机、千万条仿真数据的具身数据集，以此来支持具身产业的发展创新，如图2-20所示。

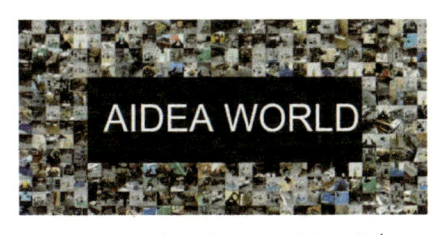

图2-20 智元机器人具身数据集[1]

☑ 北京具身国创中心规划具身智能数据集项目

北京具身国创中心计划建立世界上规模最大、信息最稠密、最通用的高质量具身智能数据集。该数据集的目标是在两年内具有200万条轨迹，每周生产10TB以上的数据，以支持能够处理复杂任务的具身智能模型的训练。

当前，大规模数据采集是具身智能实现的最大壁垒之一，主流数据采集方法是远程操作和仿真。人形机器人训练场正在成为具身智能大规模真实数据收集的颠覆式创新与技术路线。Tesla基于其自动驾驶的研发经验，使用真实数据来进行人形机器人具身智能的训练，其训练团队人员超过100人，同时配套以超过40套

---

1 智元2024年度新品发布会。

Xsens高精度运动惯性全身捕捉系统。海量数据结合视觉和触觉的端到端神经网络训练方案，已经使得Tesla Optimus Gen2具备实现新能源汽车电池包的柔性分装作业的能力。国内由人形国创中心牵头建设的人形机器人具身智能训练场，同样基于真实数据的采集方式，通过示教人员远程操作人形机器人产生数据，结合垂直领域的场景应用，加速人形机器人具身智能的训练和发育。虽然到目前为止，业界尚未形成一条完全成熟的具身智能技术发展路线，但训练场无疑是具身智能训练和发育道路上的重要尝试。

2.2.5 云边端一体架构

中国信息通信研究院在《云边端一体化发展报告》中指出，云边端一体化旨在屏蔽云边端分布式异构基础设施资源，提供统一视角下的资源管理和使用，实现数据自由流通、业务应用统一运行环境，构建立体化安全保障能力，满足多样化、实时敏捷、安全可靠的业务需求，图2-21所示为云边端一体化架构。

人形机器人"大脑"的高效运行需要强大的计算支持，在传统的计算模式中，单一的云计算或边缘计算难以同时满足实时性、可靠性和大规模计算能力的需求。而云边端一体架构能够充分利用不同层级的计算资源，将高复杂度的模型训练和大规模数据处理分析、深度学习训练、大数据存储，以及分布式云节点管理等放在云计算中心，将小规模局部数据轻量处理分析、小数据存储，以及实时控制与快速决策，部署在分布式边缘云计算节点，在人形机器人等终端设备上实现数据采集和任务执行等需求。云边端一体计算架构的应用能够进一步实现人形机器人对于现场数据的高效处理、应用知识的快速生成和任务执行的智能决策。

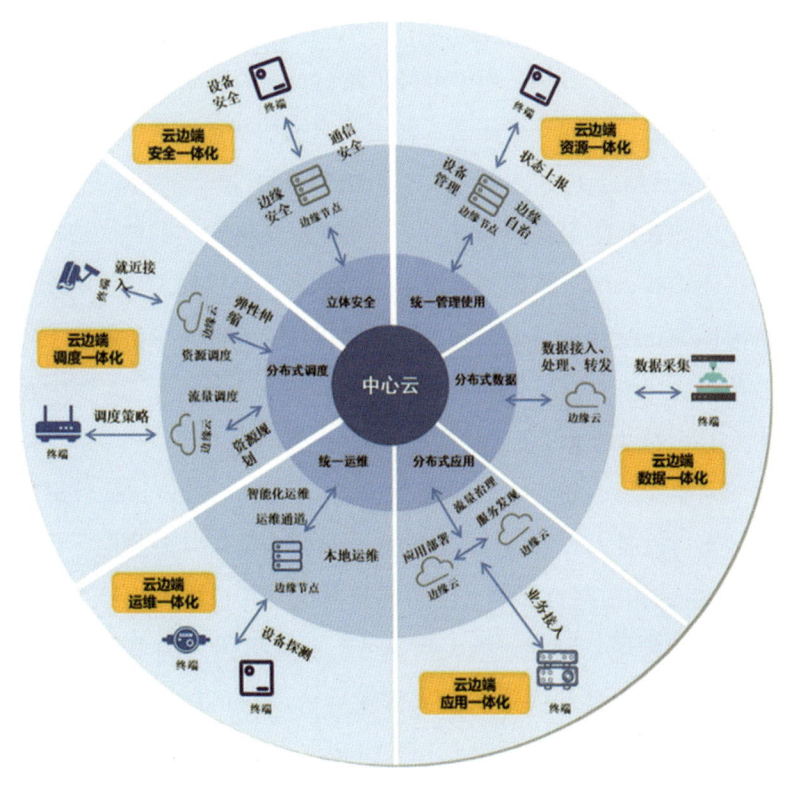

图2-21 云边端一体化架构[1]

当前国内外人形机器人及具身智能相关企业均在布局发展云边端一体化解决方案。Boston Dynamics在其机器狗产品Spot上新增了Spot CORE I/O高能效计算机负载功能,以实现现场数据处理并执行基于计算机视觉的现场检查、连续数据收集等任务,原始数据经过处理和聚合后被发送到云端进行深度学习模型的训练和更新。Optimus则采用与Tesla汽车类似的计算架构,使用自研的

---

[1] 相关内容请参考:《云边端一体化发展报告》。

Dojo超级计算机进行云端训练，以机载计算机作为边缘节点处理实时感知和控制任务。SoftBank的Pepper使用本地处理器进行基本交互，通过边缘计算设备增强语音识别和视觉处理能力，利用SoftBank云服务进行复杂的对话管理和知识更新。

国内在5G、物联网及工业互联网等领域的云边端协同应用推动了云边端一体计算架构的发展，而由于人形机器人自身的发展阶段尚处于商业化前夕，云边端一体计算架构在人形机器人上的应用仍未在商业化层面展现成效。

1. 科技大厂IoT平台的机器人适配

阿里巴巴、华为、腾讯等科技大厂通过提供IoT边缘计算平台，支持机器人应用场景的云边端一体化方案。其中阿里巴巴提供IoT平台和边缘计算节点的集成方案，支持机器人的云边端协同计算和管理，利用云端大数据分析优化机器人的表现性能。华为提供云边端协同的机器人开发平台，利用5G MEC降低延迟，通过云端AI服务支持复杂算法和大规模数据处理。腾讯则通过IoT边缘计算平台来支持机器人场景应用，结合腾讯云的AI能力，实现云边端协同，能够支持实时数据处理和设备管理等。但截至目前，各大厂IoT平台均未对人形机器人进行适配或在云边端一体化方面与人形机器人整机企业展开相关合作。

2. 具身智能厂商打造云边端协同平台

达闼科技搭建了端云协同的机器脑融合智能平台。如图2-22所示，达闼端云协同的机器脑融合智能平台结合了GPT技术、算力更为集中且高效的云网端模式，增强了人形机器人大规模商业化落地的可行性。其云网端全栈式运营模式，能让多台机器人共享一个"大脑",实现多机器人协同作业能力。或者一台连接上云端的机器人,能凭借自身具备的智能处理能力和与物理世界的互动能力完成多种类工作。

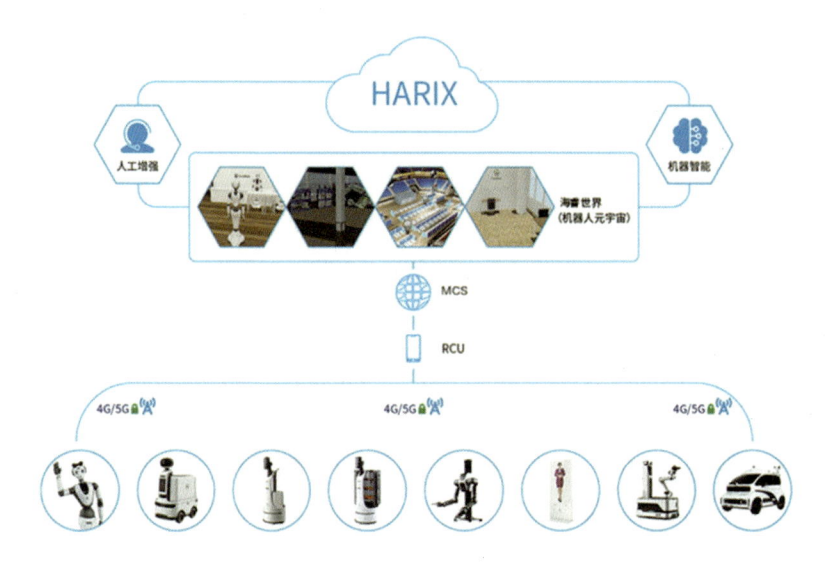

图2-22　达闼端云协同的机器脑融合智能平台[1]

非夕科技开发的穹知系统NOEMA是云边端协同一体、面向全行业的通用智能机器人"大脑"系统,能够基于机器人视觉、力觉、触觉等多种信息感知方式进行AI算法研究和应用产品开发,如图2-23所示。其核心技术有全感知能力、内置知识引擎、先进的编程框架和AI算法,可以完成对复杂姿态的学习、点云语义的分割、单样本的学习、SOTA-level通用物体抓取、力感知融合和完整的人体建模分析等。

---

[1] 2024人形机器人开发者大会:《人形机器人是人类的第三台计算机》。

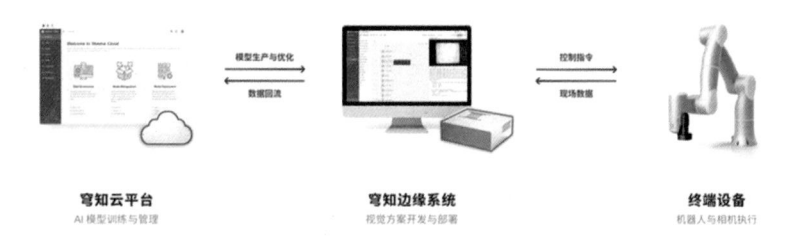

图2-23 非夕科技云边端协同架构[1]

当前云边端一体计算架构面临的网络带宽限制、系统协同优化、安全性保障等通用性问题。此外，与物联网或工业互联网应用场景不同，人形机器人具备场景通用性，其活动的场景和环境差异性较大，从具备高性能网络的工业场景到低性能网络的家庭服务场景，以及可能面临的恶劣环境场景等，面临网络连接稳定性和安全性的挑战。在网络不稳定或延迟较高的情况下，需要考虑强化边缘计算能力，实现关键功能的本地化处理，保证人形机器人的基本功能和安全性。而为了实现更拟人化的功能和性能，人形机器人的动作控制和环境感知需要实现毫秒级响应，也对云端处理和网络传输效率提出了极高的要求。作为高度贴近人类生产生活的新一代信息终端，人形机器人可能接触到更多的个人敏感信息，因此数据传输和存储的安全性，以及用户隐私的保护是人形机器人广泛应用和用户广泛接受的重要前提。考虑到人形机器人产品的商业化进程，云边端一体计算架构在人形机器人领域的应用效果可能将在人形机器人规模化落地后得到逐步的提升。而当前关于云边端协同的研究，如分布式机器学习、任务卸载策

---

[1] 非夕科技穹知系统。

略优化、自适应资源分配等,将会成为该计算架构迁移至人形机器人的重要理论和实践基础。

2.3　人形机器人"小脑"关键技术

人形机器人"小脑"主要用于实现轨迹规划和运动控制(上肢操作、下肢移动、肢体协调、步态平衡)等功能。尤其在复杂地形和动态环境中,人形机器人所需的稳定性和灵活性,依赖于精准运动控制和适应性行走能力,需要支撑全地形全场景应用,端到端模仿学习算法、基于强化学习的运动控制技术,以及基于动力学的模型预测控制技术等多方面技术支撑和融合创新。否则,难以支撑以运动控制为核心的人形机器人"小脑"的突破发展。

具体而言,人形机器人通过关节编码器、惯性测量单元、力传感器等获取自身状态和环境反馈信息。通过端到端模仿学习算法,能够直接从人类专家的示范数据中学习复杂的运动技能,将传感器输入映射到控制输出,实现高度自然和灵活的运动模式。基于强化学习的运动控制技术,通过与环境的持续交互和反馈,不断优化控制策略。强化学习算法能够自主探索各种可能的动作序列,并根据设定的奖励函数学习最优的控制策略,使人形机器人能够应对未知的环境和任务。这种自适应学习方法特别适合处理动态变化的场景,提高人形机器人的环境适应性。而基于动力学的模型预测控制技术结合了精确的机器人动力学模型和高效的优化算法,能够在考虑系统约束的同时,预测和规划未来一段时间内的最优控制序列,实现对人形机器人运动的精确控制并保证平衡稳定性，同时优化能耗和运动效率。

模仿学习、强化学习和模型预测控制也被视为具身学习的常用框架。

2.3.1 动态运动控制方法

1. 模仿学习

行为克隆（Behavior Cloning）是模仿学习的基本框架，机器人的策略 $\pi(a|s,l)$ 通过模仿专家数据得到。专家数据集表示为 $\mathcal{D} = \{\tau_i, l_i\}_{i \in [N]}$，其中 $\tau_i = [s_0, a_0, s_1, a_1, ..., s_{t-1}, a_{t-1}, s_t]$ 代表专家轨迹，l_i 代表任务描述。行为克隆的损失函数表示为：

$$\mathcal{L}(\theta) := -\mathbb{E}_{(\tau,l) \sim \mathcal{D}} \left[\sum_{t=0}^{T-1} \log \pi_\theta(a_t | s_t, l) \right]$$

模仿学习的优势在于不需要对环境的状态转移建模，仅需要通过专家的状态-动作集合直接进行策略学习。模仿学习经过了数十年的发展，有许多细分的研究领域，下面进行简要阐述。

☑ **动作分布建模**

由于人类专家的策略往往较为复杂，产生的轨迹往往呈现出随机性和多模态。为了对复杂的人类专家策略进行建模，研究人员提出使用表达能力较强的生成模型来进行策略建模。生成对抗网络和扩散模型在最初被用于对复杂的图像分布进行建模，可以生成高分辨率的图像，后被引入模仿学习中对复杂的策略分布进行建模。GAIL提出使用生成对抗网络对动作分布进行建模，使用生成器对策略分布进行建模，使用判别器来判断动作是否来自专家动作。根据生成对抗网络的损失，生成器输出的动作将逐步接近复杂的专家动作。扩散生成模型近期也被用于对人类专家或离线数据集的动作分布进行建模，使用多步逆向去噪过程，从随机噪声中逐步恢复出多模态的专家动作。

☑ **分布偏移问题**

模仿学习存在固有的分布偏移问题，在模仿策略的实际执行中会导致泛化误差。专家数据集中的状态是有限的，当智能体在任务执行时遇到的新状态s_t^{new}和数据集中的状态差距较大时，模仿学习策略$\pi(a|s,l)$将会产生不可预估的动作，环境转移到下一个新状态s_{t+1}^{new}，交互轨迹和数据集轨迹产生分布偏移。随着分布偏移的累积，策略在真实环境中的轨迹将会大大偏离数据集中的专家轨迹，从而因泛化能力不足导致任务失败。DAgger分析了这种状态分布偏移导致的问题，并提出在策略执行过程中由专家介入，对新采集的状态进行专家动作标记，从而扩大数据对状态和动作空间的覆盖。该思想在后续的LazyDAgger、SafeDAgger、ThriftyDAgger中进一步发展，这些方法显著降低了专家介入的次数。

☑ **无动作轨迹模仿**

在模仿学习损失函数中假设专家对轨迹中的每个状态都进行了动作标记。然而，许多机器人模仿的数据并没有记录动作，而仅记录了机器人的轨迹。例如，互联网上有大量的机器人操作物体的视频，可以认为每段视频包含一个周期的机器人视频观测。如何从无动作标记的轨迹中进行策略模仿在近期受到关注。VPT使用逆环境模型为大量的无动作标记数据打上动作标签，随后使用模仿学习方法进行策略学习。其他研究通过学习智能体状态和专家轨迹之间的相似度，将其作为奖励函数引导智能体产生和专家轨迹相似的轨迹。已有的度量包括在图像表征空间中的相似度，以及最优传输机制导出的相似度矩阵等。从专家轨迹中挖掘奖励函数后，可使用强化学习算法对相似度进行优化。此外，APV和GR-1设计了一种视频预测的结构，从大量无动作标签的视频中构建视频预测模型。

2. 强化学习

强化学习的目标是通过智能体（Agent）与状态（State）的交互来使奖励（Reward）最大化。智能体可以感知外界环境的状态和反馈的奖励，并进行学习和决策。智能体的决策功能是指根据外界环境的状态来做出不同的动作（Action），而学习功能是指根据外界环境的奖励来调整策略。环境（Environment）是智能体外部的所有事物，其状态受智能体动作的影响而改变，相应的奖励也可以被反馈给智能体。

强化学习的基本要素包括：①状态s是对环境的描述，可以是离散的或连续的，其状态空间为$\mathcal{S}$。②动作a是对智能体行为的描述，可以是离散的或连续的，其动作空间为$\mathcal{A}$。③策略$\pi(a|s)$是智能体根据环境状态s来决定下一步动作a的函数，通常可以分为确定性策略和随机性策略两种。确定性策略是从状态空间到动作空间的映射函数$\pi:\mathcal{S}\to\mathcal{A}$，随机性策略表示在给定环境状态时，智能体选择某个动作的概率分布：$\pi(a|s)\triangleq p(a|s),\sum_{a\in\mathcal{A}}\pi(a|s)=1$。④状态转移概率$p(s'|s,a)$是在智能体根据当前状态$s$做出一个动作$a$之后，环境在下一个时刻转变为状态$s'$的概率。⑤即时奖励$r(s,a,s')$

是一个标量函数——智能体根据当前状态s做出动作a之后，环境会反馈给智能体一个奖励，这个奖励也经常和下一个时刻的状态s'有关。

为简单起见，我们将智能体与环境的交互看作离散的时间序列。智能体从感知到的初始环境s_0开始，决定做一个相应的动作a_0，环境相应变为新的状态s_1，并反馈给智能体一个即时奖励r_1，然后智能体又根据状态s_1做一个动作a_1，环境相应变为s_2，并反馈奖励r_2。此交互可以一直进行下去，t时刻的即时奖励可以表示为$r_t=r(s_{t-1},a_{t-1},s_t)$。

智能体与环境的交互可以看作一个马尔可夫决策过程（Markov Decision Process，MDP）。马尔可夫过程（Markov Process）是一组具有马尔可夫性质的随机变量序列$s_0,s_1,...,s_t \in \mathcal{S}$，其中下一个时刻的状态$s_{t+1}$只取决于当前状态$s_t$，即$p(s_{t+1}|s_t,...,s_1,s_0) = p(s_{t+1}|s_t)$。马尔可夫决策过程是在马尔可夫过程中加入一个额外的变量——动作a，下一个时刻的状态s_{t+1}不但和当前时刻的状态s_t相关，而且和动作a_t相关，即$p(s_{t+1}|s_t,a_t,...,s_0,a_0) = p(s_{t+1}|s_t,a_t)$。给定策略$\pi(a|s)$，马尔可夫决策过程的轨迹（Trajectory）$\tau$的概率为：

$$p(\tau) = p(s_0,a_0,s_1,a_1,...) = p(s_0)\prod_{t=0}^{t-1}\pi(a_t|s_t)p(s_{t+1}|s_t,a_t)$$

给定策略$\pi(a|s)$，如智能体和环境在一次交互过程中的轨迹为τ，则其得到的累积奖励为总回报（Return），定义为：

$$G(\tau) = \sum_{t=0}^{T-1}r_{t+1} = \sum_{t=0}^{T-1}r(s_t,a_t,s_{t+1})$$

假设环境中有一个或多个特殊的终止状态（Terminal State），

当到达终止状态时，一个智能体和环境的交互过程就结束了。这一轮交互的过程称为一个回合（Episode）或一次试验（Trial）。一般的强化学习任务（比如下棋、游戏）都属于这种回合式任务（Episodic Task）。如果环境中没有终止状态（比如终身学习的机器人），即时间步长$T=\infty$，则这样的任务称为持续式任务（Continuing Task），其总回报也可能是无穷大。为了解决这个问题，我们可以引入一个折扣率来降低远期回报的权重。折扣回报（Discounted Return）定义为：

$$G(\tau) = \sum_{t=0}^{T-1} \gamma^t r_{t+1}$$

其中，$\gamma \in [0,1]$是折扣因子（Discount Factor），接近1的γ更关注长期的累计奖励，接近0的γ更考虑短期奖励。

因为策略和状态转移都有一定的随机性，所以每次试验得到的轨迹形成一个随机序列，其收获的总回报也不一样。强化学习的目标是学习到一个策略$\pi_\theta(a|s)$来使期望回报（Expected Return）最大化，即希望智能体执行一系列动作来获得尽可能多的平均回报。强化学习的目标函数为：

$$\mathcal{J}(\theta) = \mathbb{E}_{\tau \sim P_\theta(\tau)}[G(\tau)] = \mathbb{E}_{\tau \sim P_\theta(\tau)}\left[\sum_{t=0}^{T-1} \gamma^t r_{t+1}\right]$$

其中θ为策略函数的参数。

强化学习结构和基本算法分类如图2-24所示，下面将介绍几种强化学习研究的算法分支，这些分支均可以和大模型结合并在具身智能中应用。

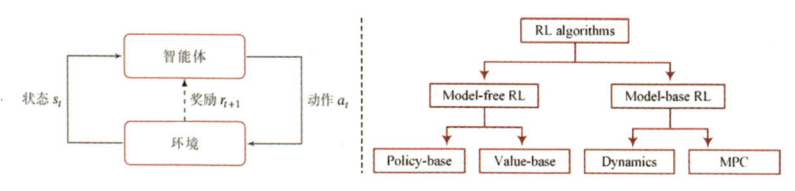

图2-24 强化学习结构和基本算法分类

☑ **值函数学习**

为了评估策略π的期望回报,我们定义两个值函数:状态值函数和状态-动作值函数。策略π的期望回报可以分解为:

$$\mathbb{E}_{\tau \sim p(\tau)}[G(\tau)] = \mathbb{E}_{s \sim p(s_0)}\left[\mathbb{E}_{\tau \sim p(\tau)}\left[\sum_{t=0}^{T-1} \gamma^t r_{t+1} \Big| \tau_{s_0} = s\right]\right] = \mathbb{E}_{s \sim p(s_0)}[V^\pi(s)]$$

其中$V^\pi(s)$称为状态值函数,表示从状态s开始,执行策略π得到的期望总回报为:

$$V^\pi(s) = \mathbb{E}_{\tau \sim p(\tau)}\left[\sum_{t=0}^{T-1} \gamma^t r_{t+1} \Big| \tau_{s_0} = s\right]$$

其中τ_{s_0}表示轨迹τ的起始状态。为了方便起见,我们用$\tau_{0:T}$来表示轨迹$s_0, a_0, s_1, \ldots, s_T$,用$\tau_{1:T}$来表示轨迹$s_1, a_1, s_1, \ldots, s_T$,因此有$\tau_{0:T} = s_0, a_0, \tau_{1:T}$。

根据马尔可夫性质,$V^\pi(s)$可展开得到:

$$V^\pi(s) = \mathbb{E}_{a \sim \pi(a|s)} \mathbb{E}_{s' \sim p(s'|s,a)}[r(s,a,s') + \gamma V^\pi(s')]$$

这一公式称为贝尔曼方程,表示当前状态的值函数可以通过下一个状态的值函数来计算。此公式的第二个期望是,在初始状态s下进行动作a,然后执行策略π得到的期望总回报,其函数称为状态-动作值函数:

$$Q^{\pi}(s,a) = \mathbb{E}_{s' \sim p(s'|s,a)}[r(s,a,s') + \gamma V^{\pi}(s')]$$

状态-动作值函数也经常称为Q函数。状态值函数$V^{\pi}(s)$是Q函数$Q^{\pi}(s,a)$关于动作a的期望，即：

$$Q^{\pi}(s,a) = \mathbb{E}_{s' \sim p(s'|s,a)}\left[r(s,a,s') + \gamma \mathbb{E}_{a' \sim \pi(a|s')}[Q^{\pi}(s',a')]\right]$$

值函数可以看作对策略π的评估，因此我们可以根据值函数来优化策略。假设在状态s，有一个动作a^*使得$Q^{\pi}(s,a^*) > V^{\pi}(s)$，说明执行动作$a^*$的回报比当前的策略$\pi(s,a)$要高，我们就可以调整参数使得策略中动作$a^*$的概率$p(a^*|s)$增加。

☑ **策略学习**

强化学习的目标是学习到一个策略$\pi_{\theta}(a|s)$来使期望回报最大化。一种直接的方法是通过在策略空间中直接搜索来得到最佳策略，称为策略搜索（Policy Search）。策略搜索本质上是一个优化问题，可以分为基于梯度的优化和无梯度优化。与基于值函数的方法相比，策略搜索不需要值函数，可以直接优化策略。参数化的策略能够处理连续状态和动作，可以直接学习出随机性策略。

策略梯度（Policy Gradient）是一种基于梯度的强化学习方法。假设$\pi_{\theta}(a|s)$是一个关于θ的连续可微函数，我们可以用梯度上升的方法来优化参数θ，使得目标函数$\mathcal{J}(\theta)$最大，那么目标函数$\mathcal{J}(\theta)$关于策略参数θ的导数为：

$$\frac{\partial \mathcal{J}(\theta)}{\partial \theta} = \frac{\partial}{\partial \theta}\int P_{\theta}(\tau)G(\tau)\mathrm{d}\tau = \mathbb{E}_{\tau \sim P_{\theta}(\tau)}\left[\frac{\partial}{\partial \theta}\log P_{\theta}(\tau)G(\tau)\right]$$

从中可以看出，参数θ优化的方向是使得总回报$G(\tau)$越大的轨迹τ的概率$P_\theta(\tau)$也越大。

$\frac{\partial}{\partial \theta}\log P_\theta(\tau)$可以进一步分解为：

$$\begin{aligned}\frac{\partial}{\partial \theta}\log P_\theta(\tau) &= \frac{\partial}{\partial \theta}\log\left(P(s_0)\prod_{t=0}^{T-1}\pi_\theta(a_t|s_t)P(s_{t+1}|s_t,a_t)\right)\\&= \frac{\partial}{\partial \theta}\left(\log P(s_0)+\sum_{t=0}^{T-1}\log \pi_\theta(a_t|s_t)+\sum_{t=0}^{T-1}\log P(s_{t+1}|s_t,a_t)\right)\\&= \sum_{t=0}^{T-1}\frac{\partial}{\partial \theta}\log \pi_\theta(a_t|s_t)\end{aligned}$$

可以看出，$\frac{\partial}{\partial \theta}\log P_\theta(\tau)$和状态转移概率无关，只和策略函数相关。因此，策略梯度可以写为：

$$\begin{aligned}\frac{\partial \mathcal{J}(\theta)}{\partial \theta} &= \mathbb{E}_{\tau\sim P_\theta(\tau)}\left[\left(\sum_{t=0}^{T-1}\frac{\partial}{\partial \theta}\log \pi_\theta(a_t|s_t)\right)G(\tau)\right]\\&= \mathbb{E}_{\tau\sim P_\theta(\tau)}\left[\left(\sum_{t=0}^{T-1}\frac{\partial}{\partial \theta}\log \pi_\theta(a_t|s_t)\right)\left(G(\tau_{0:t})+\gamma^t G(\tau_{t:T})\right)\right]\\&= \mathbb{E}_{\tau\sim P_\theta(\tau)}\left[\left(\sum_{t=0}^{T-1}\frac{\partial}{\partial \theta}\log \pi_\theta(a_t|s_t)\right)\gamma^t G(\tau_{t:T})\right]\end{aligned}$$

其中$G(\tau_{t:T})=\sum_{t'=t}^{T-1}\gamma^{t'-t}r_{t'+1}$为以$t$作为起始时刻得到的总回报。

☑ **基于模型的方法**

基于模型的方法希望智能体具有规划的能力，在做出行为之前能够提前预测该行为会带来的后果，从而快速找到最优动作。基于模型的方法需要建立环境模型，该模型是利用真实交互数据拟合而来的，模型输入状态-动作对(s, a)，输出s'的预测。Dyna-Q是一种典型的基于模型的强化学习方法，假设环境是确定的，并且状态动作空间是离散可数的，这样可以把环境模型想象成一个类似Q函数的表格，利用环境模型产生虚拟样本，得到额外的Q函数损失，这加速了Q函数的收敛。基于模型方法的主要问题是，模型预测的误差会在模型向后推演中累积，从而对值函数学习产生负面影响。MBPO等方法分析了误差累积导致的性能差距，IVE算法分析了模型预测过程的不确定性，Dreamer算法通过隐空间的环境建模进行多步预测和推理。

3. 模型预测控制

在模型预测控制（MPC）中，环境模型可以使智能体无须与环境交互就得到下一步状态和奖励。这样的决策过程与人类相似，人类在做出决策之前，通常会思考做出这步决策会带来的后果，根据不同的后果来选择最有利的决策。智能体同样可以利用环境模型来进行推演，从而选择出最优的动作：

$$(a_t,...,a_{t+H-1}) = \arg\max_{a_t,...,a_{t+H-1}} \sum_{t'=t}^{t+H-1} \gamma^{t'-t} r(s_{t'}, a_{t'})$$

在时间t，智能体根据当前的环境的状态s_t来选择动作a_t。智能体将选择预测动作序列中的第一组执行，执行后再次使用规划方法得到下一步的最优规划动作。

☑ **随机打靶法**

随机打靶（Random Shooting）法是一种通过随机采样的方式帮助智能体决策的方法，给出当前状态s_0和长度为T的随机动作序列$[a_0, a_1, a_2, ..., a_T]$，利用训练的环境模型可以得到仿真轨迹$[s_0, a_0, \hat{r}_0, \hat{s}_1, a_1, \hat{r}_1, \hat{s}_2, a_2, \hat{r}_2, ..., \hat{s}_T, a_T, \hat{r}_T]$。通过多次对随机动作序列$[a_0, a_1, a_2, ..., a_T]$采样，可以得到不同的状态-动作对的值函数估

计，记为 $\hat{Q}(s,a) = \sum_{t=0}^{T}\gamma^{t}\hat{r}_{t}$，然后根据 $\pi(s) = \arg\max_{a}\hat{Q}(s,a)$ 选择下一步的动作。智能体执行动作 $\pi(s)$ 之后，再次重复采样过程进行规划。

随机打靶法的缺点是不同轨迹的方差较大，可能无法采集到高回报的动作。有研究提出使用交叉熵方法（Cross-Entropy Method，CEM）进行采样。CEM不使用随机的动作序列，而是从某个动作分布中对动作序列采样，根据动作取得的累积回报调整动作采样的分布，这样有更大概率采集到高回报的动作序列。

☑ **集成概率轨迹采样法**

集成概率轨迹采样法（Probabilistic Ensembles with Trajectory Sampling，PETS）是对随机打靶法的改进，通过将不确定性感知的概率环境模型和轨迹采样相结合，实现了和无模型强化学习方法接近的效果。PETS可以衡量任意不确定性（Aleatoric Uncertainty）和认知不确定性（Epistemic Uncertainty）。任意不确定性是随机系统本身带来的不确定性，比如观测噪声或状态转移噪声。认知不确定性是数据缺失带来的不确定性，可以随着训练数据量的增加而减少。

在实现上，PETS使用了集成概率环境模型方法，建立了若干个概率环境模型，每个环境模型使用参数化高斯分布来拟合。PETS使用基于CEM的随机打靶法进行规划，可以区分两种不确定性。任意不确定性使用一条轨迹的预测方差来衡量，而认知不确定性通过多条轨迹之间的预测方差得到，因而对环境未来的预测更加全面。

4. 全身动力学控制与自主学习

机器人全身协同运动自主学习是指，机器人通过学习和优化运动策略，实现多个部件或多个机器人之间的协调和高效运动。这一过程依赖于机器学习算法、传感器数据融合和智能控制技术，使机器人能够在复杂的动态环境中自主适应和优化自身运动。

机器人协同运动自主学习旨在使机器人能够通过学习和实践不断提高协作能力和运动效率。这种学习方式不仅适用于单个机器人的复杂运动任务，还适用于多机器人系统中的协同操作。其核心在于通过感知环境、理解任务需求，以及实时调整运动策略，使机器人能够自主适应新的情况，并与其他机器人或人类协调工作。

首先，机器人需要具备良好的感知能力。这包括使用视觉、触觉、惯性等传感器来感知周围环境和自身状态。传感器数据的融合与处理能够为机器人提供准确的环境模型，帮助其进行决策和运动规划。其次，机器人需要能够自主学习和优化运动策略。通过强化学习算法，机器人可以在与环境互动的过程中不断试错和调整，逐步学会最优的运动策略。这种学习方式使得机器人能够在动态变化的环境中保持高效的运动表现。此外，模型预测控制（MPC）是协同运动自主学习中的重要技术。MPC通过预测机器人未来的运动状态，并实时优化控制输入，实现了高精度的运动控制。这种方法不仅提高了机器人的运动精度，还增强了其对外界扰动的鲁棒性。模仿学习也是协同运动自主学习的一部分。机器人可以通过观察和模仿人类或其他机器人的操作，快速掌握复杂的运动技能。模仿学习结合了监督学习和无监督学习技术，从演示数据中学习并生成类似的运动行为。

全身协同运动自主学习是人形机器人实现全身协调和高效运动的必然要求，目前基于模型预测的强化学习方法也是各大人形机器人厂商的核心控制和优化策略。诸如Boston Dynamics的Atlas机器人、Tesla的Optimus机器人等的高效运动表现，都是基于此方法不断迭代而来的。

Westwood Robotics团队的BRUCE小型人形机器人开放平台使用MPC+WBC的经典控制算法实现，是目前世界上较为先进的高动态小型人形机器人系统。基于经典算法的运动控制方法有很多明显优势，比如数据透明、模型可解释性强、机器人系统具有更高的可控制性、泛化能力强等。

2.3.2 高精度建模与训练系统

1. 多体动力学建模

多体动力学建模在人形机器人中具有重要意义，可以用于机器人的运动规划、轨迹跟踪、稳定性分析等方面。通过精确的动力学模型，可以预测机器人的运动状态，为在线行为控制提供基础。多体动力学建模常见的方法有牛顿-欧拉法、拉格朗日方程法和基于哈密顿原理的建模方法等。

基于动力学模型可以对机器人进行在线行为控制。人形机器人的控制器架构通常包括感知、语音交互、运动控制等层面。其中，运动控制层由触觉传感器、运动控制器等硬件及复杂的运动控制算法组成，对机器人的步态和操作行为进行实时控制。另外，在线行为控制需要实时感知机器人的状态和环境信息，并根据这些信息调整控制策略。对于人形机器人而言，由于其具有复杂的多体结构和运动方式，在线行为控制需要考虑到机器人的稳定性、安全性、高效性等多个方面。常见的在线行为控制策略包括基于模型的控制和基于学习的控制等。

动力学模型常作为各大仿真引擎的内置物理原理，精确的动力学模型是预测机器人运动状态的基础。根据生物力学分析的工作流程，人体模型分为骨骼模型（SK）、肌肉骨骼模型（MSK）和神经肌肉骨骼模型（NMSK）。表2-5针对SK模型对近十年来最重要的人体建模分析方法进行了概述，包括人体步态生成、需应对的问题等。

表2-5 分析SK模型的方法

参考文献	自由度	应用	问题类型
Predicting human walking gaits with a simple planar model	下肢：9自由度和7自由度（不含脚踝）	关节扭矩预测和运动估计覆盖步态速度的全范围	反馈控制混合方法
Underactuated approach for the control-based forward dynamic analysis of acquired gait motions	全身：14自由度	关节扭矩预测和人类步态的运动估计	反馈控制混合方法
Influence of the controller design on the accuracy of a forward dynamic simulation of human gait	全身：14自由度	比较PD和CTC在步行运动估计中的表现	反馈控制混合方法
A comparison between optimization based human motion prediction methods: Data-based, knowledge-based and hybrid approaches	下肢：13自由度	离合器踏板压下运动和关节扭矩预测	前向方法
Optimization-based dynamic 3D human running prediction: Effects of foot location and orientation	全身：55自由度	跑步和慢速沿弯曲路径行走的关节扭矩和运动预测	前向方法

续表

参考文献	自由度	应用	问题类型
Dynamic simulation of human gait using a combination of model predictive and PID control/Dynamic simulation of human gait model with predictive capability	下肢：9自由度	关节扭矩预测和步态的运动估计（用于假肢设计和术前计划）	反馈控制混合方法
Neural network for dynamic human motion prediction	全身：55自由度	关节扭矩预测和步态、跳上箱子的运动估计	机器学习训练：逆向方法

SK模型在进行人形机器人步态规划和控制时可以忽略肌肉动力学而专注于更复杂的控制方法。然而，对于大多数生物力学应用而言，要预测更真实的运动和关节接触力，就必须考虑肌肉动力学。

MSK和NMSK模型的分析方法如表2-6和表2-7所示，独立于运动数据跟踪的新型步态运动完全预测模拟，由于研究较少，仍然需要减少完全预测模拟的计算时间并提高预测结果的准确性。

表2-6 分析MSK模型的方法

参考文献	自由度	应用	问题类型
Forward static optimization in dynamic simulation of human musculoskeletal systems: A proof-of-concept study	一只手臂：1自由度（7块肌肉）和2自由度（6块肌肉）	肌肉激活预测和运动估计，用于手臂运动	前向方法
Direct methods for predicting movement biomechanics based upon optimal control theory with implementation in OpenSim	下肢：10自由度，48块肌肉	运动预测/估计和垂直跳跃的肌肉激活预测	前向方法和隐式方法
Full-body musculoskeletal model for muscle-driven simulation of human gait	全身：37自由度，80块肌肉	步行及跑步的肌肉力量和关节扭矩预测	反馈控制混合方法

续表

参考文献	自由度	应用	问题类型
A general-purpose framework to simulate musculoskeletal system of human body: Using a motion tracking approach	通用模型	肌肉激活/力预测和运动估计（测试肱二头肌弯举）	反馈控制混合方法
Generating optimal control simulations of musculoskeletal movement using OpenSim and Matlab	1自由度，2块肌肉	运动和肌肉激活预测。2D下肢模型缩放	完全隐式混合方法

表2-7 分析NMSK模型的方法

参考文献	自由度	应用	问题类型
A comparison of muscle energy models for simulating human walking in three dimensions	下肢：23自由度，40块肌肉	通过最小化代谢能量实现完全预测人体步态	前向方法
Filtering the surface EMG signal: Movement artifact and baseline noise contamination	下肢：16自由度，28块肌肉	不对称步态的肌肉力量预测和运动估计	逆向方法
Hybrid neuromusculoskeletal modeling to best track joint moments using a balance between muscle excitations derived from electromyograms and optimization	全身：19自由度，34块肌肉	人体步行及跑步的关节扭矩和运动预测	逆向骨骼-前馈神经肌肉混合方法
A forward-muscular inverse-skeletal dynamics framework for human musculoskeletal simulations	下肢：16自由度，46块肌肉	人体步态的肌肉激活/力量预测和关节运动预测	逆向骨骼-前馈神经肌肉混合方法
Estimation of muscle activity using higher-order derivatives, static optimization, and forward-inverse dynamics	具有一对拮抗肌肉的单个关节	肌肉激活预测（适用于任何NMSK模型）	逆向骨骼-前馈神经肌肉混合方法
An approach for improving repeatability and reliability of non-negative matrix factorization for muscle synergy analysis	具有8块肌肉的膝关节	实时的关节运动预测，用于膝关节康复	逆向骨骼-前馈神经肌肉混合方法

续表

参考文献	自由度	应用	问题类型
Lower extremity EMG-driven modeling of walking with automated adjustment of musculoskeletal geometry	下肢：29自由度，35块肌肉	为患者制定的特定关节运动预测，用于关节康复	逆向骨骼-前馈神经肌肉混合方法
Forward dynamic optimization of human gait simulations: A global parameterization approach	下肢：11自由度，16块肌肉	人体步态的肌肉激活预测和运动估计	前向骨骼-前馈神经肌肉混合方法
Three-dimensional data-tracking dynamic optimization simulations of human locomotion generated by direct collocation	全身：21自由度，66块肌肉	人体步行和跑步的肌肉激活和运动预测	隐式方法
Predictive simulations of neuromuscular coordination and joint contact loading in human gait	全身：25自由度，80块肌肉	不同速度下的运动、肌肉激活、足底接触力、接触反作用力预测	隐式方法
Muscle synergies facilitate computational prediction of subject-specific walking motions	下肢：31自由度	为中风患者设计的个性化步态运动预测，用于康复	隐式方法
Evaluation of direct collocation optimal control problem formulations for solving the muscle redundancy problem	下肢：9自由度，11块肌肉和3自由度的足部3D模型	人体步态运动预测	隐式方法

未来的预测步态模拟可能会结合使用基于模型的方法和机器学习方法，尝试利用每种方法的最佳特点，快速准确地模拟人类步态。

2. 高保真系统仿真

高保真系统仿真旨在通过精确模拟机器人各部分的力学特性、物理约束和环境交互，为机器人行为规划和控制策略的优化提供基础数据支持。机器人仿真可以减少实际试验的时间与成本，并提高系统研发效率与安全性。这项技术的核心在于构建一个接近真实的虚拟环境，精确模拟机器人在该环境中的动力学行为，包括复杂的物理交互、外界环境干扰和多体动力学性能。

Gazebo是国外有代表性的机器人仿真平台，其发展历史可以追溯到2002年。当时美国南加州大学的Andrew Howard教授和Nate Koenig博士等人创建了一个基于OpenGL的3D仿真引擎，用于模拟室内机器人的运动和控制。后来，他们将其开源，一个成熟的机器人仿真平台逐渐形成了。随着机器人技术的快速发展和应用的愈加广泛，Gazebo平台也逐渐得到了更广泛的发展和应用，成了机器人仿真领域的一个重要组成部分。

在国内，松应科技积极自研和部署市场唯一的国产Orca物理精确模拟器，致力于实现人工智能与物理世界的深度融合。该平台整合了CAD/CAE工业软件、人工智能、机器人技术、渲染与物理引擎，以及传感器等技术，通过软件协同和数据统一，构建了多种仿真环境，为具身智能、人形机器人、飞行器和自动驾驶等提供了合成数据与对仿真模拟的支持。Orca模拟器为机器人和AI智能体提供了基于物理的3D实时渲染和精确的物理模拟，以及随机化的数据合成能力，从而创造出逼真且可交互的物理环境。此外，Orca还提供了标准的机器人训练控制接口，这不仅有助于机器人和AI智能体更深入地理解物理世界的规律，而且促进了更高级、更复杂的机器人本体和智能体的训练与发展。

2.3.3 拟人行为学习

运动仿生是动物行为学和机器人学交叉的新领域,是仿生科学与工程的重要分支,包括揭示动物运动的身体结构、感知控制和行为规律,可指导仿生机器人的设计。仿生运动行为表征是指在机器人系统中模仿和实现生物体自然运动模式的技术和方法。这些技术能够使机器人在执行任务时表现出类似生物体的运动行为,从而提高其灵活性、适应性和操作能力。通过研究生物体的运动特性,机器人可以做出更加自然和高效的动作,例如步态模拟、手臂和手指的精细操作、平衡与稳定的保持,以及柔性运动的实现。这些技术不仅提高了机器人的功能,还拓展了其在工业、医疗和服务等领域的应用范围。

仿生行为主要包括如下几类:步态模拟,模仿人类或动物的步行方式,通过精确的运动控制和传感器反馈,使机器人能够在各种地形中行走。手臂和手指运动,模仿人类手臂和手指的运动,通过多自由度机械结构和灵巧的控制算法,完成复杂的抓取和操作任务。平衡与稳定,模仿生物体在动态环境中的平衡机制,如使用陀螺仪和加速度计等传感器,结合实时控制算法,使机器人能够在行走和站立时保持平衡。柔性运动,模仿生物体肌肉的柔性和弹性,通过使用软材料和智能材料,实现机器人的柔性和灵活运动。学习与适应,通过机器学习和人工智能技术,使机器人能够根据环境变化和任务需求,自主学习和调整运动行为,提高适应能力。

这些仿生运动行为表征技术在实际应用中展示了广泛的潜力。国际上较为成熟的机器人本体都离不开优秀的运动行为表征技术。例如，Boston Dynamics的Atlas双足机器人可以进行复杂的跑步、跳跃和翻滚动作，北京理工大学黄强课题组的人形机器人的跳远和跳高运动展示了高度的灵活性和适应性。

机器人假肢如DEKA Arm，可通过精细的手臂和手指运动技术，为残疾人提供了接近自然手臂功能的辅助。四足机器人Boston Dynamics的Spot机器人，可通过步态模拟技术，在各种复杂地形中灵活移动，广泛应用于工业检查和救援任务。复旦大学方虹斌课题组的仿蠕虫型移动机器人不仅在结构上采用了仿生设计，还在运动控制上仿蠕虫的CPG（Central Pattern Generator，中枢模式发生器）产生运动信号以生成后退蠕动波，在工业管道检测中具有广阔应用前景。

2.4 人形机器人"机器肢"关键技术

人形机器人的"机器肢"是实现复杂运动控制和精细操作的核心单元，它涵盖了仿生设计、运动学与动力学建模、高性能执行器的应用、多传感器集成，以及先进的控制算法开发。其主要用于类人运动行为的实现与任务执行，包括精细操作、协同控制及多任务执行等功能。其核心在于赋予人形机器人高自由度、柔顺性和动态协调能力，以应对多变的任务场景和复杂操作环境，实现类人的灵巧运动能力。

通过刚柔耦合的仿生传动机构，模拟人类肌肉的柔性与刚性特征，实现高效的力到运动的转换与稳定的运动表现，确保机器人在动态环境中能够自适应调整运动策略。高紧凑机器人四肢结构通过模块化集成与拓扑优化设计，在有限空间中集成了伺服电机、传动系统及多模态传感器，实现了结构的高度集成与布局的紧凑，使人形机器人能够具备更强的环境适应性。通过双机械臂的协同规划控制技术，能够实时动态控制和多模态感知，确保两臂在复杂任务中具备高度协调性和同步性。此外，多自由度手指结构与微型传动模块的结合，能够赋予人形机器人复杂精细的操作能力，使其能够完成如组装、物体分类、精密操作等高难度任务。

2.4.1 传动机构

刚柔耦合的仿生传动机构模拟人类肌肉与骨骼的柔性耦合特性，能够在保证结构刚性的同时提供一定的柔性变形能力，提高机器人肢体的灵活性与抗冲击能力，结合了刚性材料和柔性材料的优势，能够适应多种复杂运动场景，实现了精确而灵活的运动控制。表2-8所示为仿生传动机构的驱动器，其中弹性驱动器（Series Elastic Actuator，SEA）是实现刚柔耦合的重要机构之一。通过在电机和负载之间引入弹性元件，SEA可以提高机器人关节的冲击吸收能力和力控制精度。可变刚度执行器（Variable Stiffness Actuator，VSA）进一步提高了传动机构的适应性。通过调节弹性元件的刚度，VSA可以在不同任务需求下实现刚度的动态调整。肌肉骨骼系统仿生是另一个重要的研究方向。人工肌肉如形状记忆合金（Shape Memory Alloy，SMA）、电活性聚合物（Electroactive Polymer，EAP）等正在被用于开发更轻量、更柔顺的驱动器。柔性传动机构在提高安全性和适应性方面发挥着重要作用。柔性绳索传动系统可以将驱动器布置在远离关节的位置，减少移动质量。

表2-8 仿生传动机构的驱动器

分类	代表文献
弹性驱动器（SEA）	Series elastic actuator development for a biomimetic walking robot
可变刚度执行器（VSA）	Variable stiffness actuators: Review on design and components
形状记忆合金（SMA）	SMA-origami coupling: Online configuration switches and stability property modulation
电活性聚合物（EAP）	Dielectric elastomers as electromechanical transducers: Fundamentals, materials, devices, models and applications of an emerging electroactive polymer technology

星尘智能S1采用刚柔耦合传动机构设计，能借助传感器实时监测力的传输，不依赖轨迹估算，而是学习人类，通过感知力的大小来精准控制力的输出，提升操作精度。这种结构的安全性更高，能在交互中精确控制力度。月泉仿生采用刚柔耦合的系统结构，模仿人体的骨骼肌肉系统。硬质构件（如骨骼）主要承受压力，而柔质构件（如肌肉和韧带）主要承受拉力，两者结合形成了一个有机整体，驱动机器人的运动。华中科技大学的研究团队在刚柔耦合抓手方面取得了突破，开发了结合刚性结构和柔性结构的高性能抓手，并探索了不同的刚柔结构协作策略。这些进展不仅提升了抓手的适应性和灵活性，也为机器人在非结构化环境中的应用提供了新的可能性。

2.4.2 下肢结构

高紧凑机器人四肢结构旨在优化人形机器人四肢的体积和重量，使其在保持高效动力输出的同时具备较强的运动灵活性。通过结构拓扑优化和材料轻量化设计，可以显著提升机器人的运动能力和能源效率。模块化设计是实现高紧凑四肢结构的关键方法之一,将驱动器、传感器和控制单元集成到标准化模块中,能够大幅减小四肢的体积和重量。分布式驱动是另一种实现高紧凑性的方法,将驱动器分散布置在四肢各个部位,能够避免集中驱动带来的传动机构复杂化问题。集成化设计是提高四肢紧凑性的另一个重要方向,通过将驱动器、传感器和控制电路高度集成,能够大幅减少四肢的体积。而3D打印技术的发展为高紧凑四肢结构原型的快速和定制化生产提供了新的可能,有助于实现复杂的内部结构和一体化设计。

按生物学模式,双足机器人腿部设计可分为人腿、鸟腿和合成腿方案,大多数双足机器人采用人腿方案。人腿和鸟腿均为生物启发式腿部构型方案,即腿部构型符合人腿构型或鸟腿构型。绝大多数腿部构型采用人腿方案(ASIMO、HRP系列、WALK-MAN、Optimus等),少数双足机器人采用鸟腿(Cassie和Digit)和合成腿(Slider和Leo)方案。

按选用的机构类型可将"人腿"构型进一步分为串联、并联和串并联混合三种类型。人腿方案差异体现在基于不同位置关节特点或腿部整体的考虑,选用不同的机构对关节进行排布。绝大多数双足机器人基于髋关节、膝关节和踝关节各自的特点分别进行机构的设计,少数基于腿部整体对关节进行排布。

逐际动力申请的腿结构专利减小了机器人下肢在水平方向上的尺寸,使得机器人下肢结构更加紧凑。体积减小后,各关节模组的转动更平稳,结构更牢靠,应力分散性更好。智元机器人申请的机器人下肢结构及机器人发明专利,通过电机与减速器的相对布置和中心位置的输出轴设计,使得下肢结构更加紧凑。月泉仿生的动力系统设计采用了驱动传动一体化方案，即将驱动和传动集成于人工肌肉执行器上，提高了转换效率，减少了空间占用，使得机器人更加紧凑。

2.4.3 双机械臂

双机械臂协作规划控制技术的发展，使得机器人能够执行复杂的双臂协同操作任务，通过双臂协同运动学建模、路径规划与力反馈控制等方法，实现双臂操作的高精度协调。任务分解与协调规划作为双臂协作的基础，可以将复杂的任务分解成一系列基本操作。闭链运动学和动力学建模对于处理双臂协作中的任务至关重要，通过将双臂-物体系统视为一个闭环机构，可以简化控制问题。

在需要与环境或人类交互的场景中，阻抗控制发挥着重要作用，同步双臂阻抗控制不仅能够实现柔顺的力交互，还能进行精确的位置控制。此外，强化学习优化双臂协调策略，而模仿学习则能够从人类示范中学习复杂的双臂操作技能，基于优化的力分配算法，可以根据任务需求和机器人能力动态调整双臂的负载分配。

机械臂是最为常见的具身实体类型，用来执行操作和抓取物体等任务。人工智能算法驱动的机械臂研究拥有较长的历史，常用的机械臂类型包括Franka、xArm、Sawyer、Kuka、UR5等。针对常用的机械臂类型，研究人员开发了许多高效率的仿真平台，例如MuJoCo、Deepmind Control Suite、Franka Kitchen、RoboSuite、ManiSkill等。

仿真环境提供了物理仿真和环境渲染的功能，前者通过机械臂自身的物理结构进行动力学转移的数学模型构建，后者通过图像渲染等工具获得机械臂及其周围环境的2D/3D观测，用于机器学习算法的训练。通过仿真平台，智能体能够快速与环境交互并获得大量的交互样本，同时可以在标准任务集合上快速验证算法的有效性。同时，现有的高性能仿真环境如ManiSkill2等提供了便捷的仿真-真实环境迁移通道，能够将仿真训练得到的策略迁移到真实机械臂中。然而，由于光照、背景、视角、被操作物体、物理引擎的变化，实现仿真-真实环境迁移难度较大，因此也有许多研究选择直接使用真实机械臂上采集的数据集进行训练。

相比较而言，直接使用实体机械臂进行数据采集和策略学习需要昂贵的时间成本，同时需要解决策略安全性等问题。但随着许多高质量的机械臂专家示教数据集的公开，研究者可以使用公开数据集进行策略模仿学习，降低了数据获取的成本。例如，最新公布的Open-X数据集包含22个不同的机器人实体，涵盖500多个不同的机器人任务，共计超过100万条机器人轨迹，大大促进了该领域的发展。通用操作接口（Universal Manipulation Interface，UMI）使用手持夹爪和鱼眼镜头，提供了一种廉价的数据采集方案。

在国内，腾讯Robotics X实验室提出了通用双臂协同灵巧操作框架，在感知层、双手抓取、协同操作规划和底层控制等方面提供了丰富的接口，具有很高的通用性、可扩展性和兼容性。基于该框架，研究人员实现了双手协同旋拧、双手协同倒水、干扰抑制、人机物理协同操作、基于物体可供性和意图识别的动态交互，以及对大体积物体的自主交接等各种差异化显著的任务。

长春工业大学智能机械与机器人创新团队提出了一种面向未知工具约束的双臂可重构机器人无模型事件触发分布式协调控制方法，如图2-25所示，其采用中科深谷的实时仿真控制系统及三轴机械臂进行了实际协作抓取可行性验证。实验最终实现了针对具有未知工具约束的双臂可重构机器人系统，这种新方法未来有望应用于人形机器人及双臂协作机器人等模态的异构任务处理。

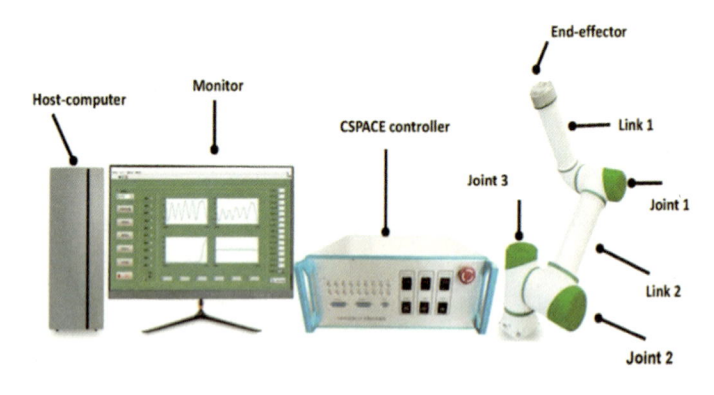

图2-25　双臂可重构机器人试验平台[1]

成都人形机器人创新中心推出了中国首个机器人多模态模型RRMM（Raydiculous Robot Multimodal Model）以及双臂协作系统RTACS（Raydiculous Two-Arm Cooperation System）。RRMM模型具备理解并推理抽象语义指令的能力，能够调度双臂协作系

---

[1] 相关内容请参考："Model-free event-triggered distributed coordination control for dual-arm reconfigurable manipulators with unknown object constraints"。

统RTACS执行各种复杂任务,让人形机器人从"预设摆拍+遥控操作"进化到拥有更强的"大脑"和自主执行能力。

而软体机械臂是一类具有连续几何特性的新型机械臂,与刚性机械臂相比,软体机械臂主要由柔软的材料制成(如硅胶、流体、软胶等),不仅拥有更高的灵活性、柔顺性及安全性等优势,而且有良好的共融能力,在很多领域具有广阔的应用潜力,如医疗、野外救险、工业抓持等。

目前,越来越多的研究者投身于软体机械臂平台的开发、建模、控制等研究,但软体机械臂的发展也面临着诸多困难和挑战,软体机械臂是集材料学、仿生学、机器人学、控制科学等多种交叉学科技术于一身的复合应用,这也决定了它不能靠单一学科的发展而获得较大的进展。从材料学和机械学角度来讲,"软"是软体机械臂的本质属性,柔软的材料是制作软体机械臂的关键,在材料方面,科学家用杨氏模量来界定刚性材料和软性材料,即高于100GPa的为刚性材料(例如金属或硬塑料),低于3GPa的为软性材料(例如皮肤、肌肉组织等)。如何获得更优的材料和更新的仿生结构,对材料学、机械学和3D打印技术均提出了更高的要求。如何高效快速地加工出符合特定需求的本体结构也是一个难题。从控制角度看,高度的柔软性使传统的编码器、电位计、刚性的力觉和触觉传感器等很难集成到软体机械臂中,而无限的自由度和具有大变形非线性特性使得软体机械臂的运动学和动力学模型的建立非常困难,进而带来控制设计的诸多挑战,急需发展新的控制理论和建模方法。

2.4.4 手部结构

灵巧手设计旨在赋予机器人手部精细操作能力，使其能够完成精确的抓取、操作和感知任务。灵巧手通常采用多自由度关节设计，并配备高精度力觉和触觉传感器，以实现对复杂物体的识别和操作。当前，灵巧手设计倾向于模仿人类手指的灵活性和触感，模仿人手的解剖结构和生物力学特性，通过柔性材料与智能驱动器的结合，进一步提升手部操作的稳定性和精度，实现更自然和高效的抓取和操作。此外，集成高密度触觉传感阵列和多模态触觉传感器能够有效提高灵巧手的操作精度和适应性，并采用柔性机构以及欠驱动机构以实现灵巧手对未知物体的自适应抓取和精细操作。近10年通信技术和设计理念的日新月异推进了仿生式灵巧手控制多元化、结构成熟化、高仿生化发展进程，此间创新研究成果如表2-9所示。

表2-9 灵巧手创新研究成果

灵巧手	主要研究单位/国家	手指个数	关节数目	自由度	传动方式
SAH	Schunk公司	4	16	13	齿轮连杆
LARM Hand	卡西诺大学	3	9	12	连杆
Ritsumeikan Hand	日本立命馆大学	5	16	20	连杆
Washington Hand	华盛顿大学	5	15	21	线绳
SSSA-My Hand	ScuolaSuperiore Sant'Anna	5	10	21	齿轮连杆
HERI Hand	意大利	3	12	15	连杆
Shadow Hand	Shadow公司	5	24	20	腱-滑轮
Anthropomorphic Robot Hand	韩国	5	15	20	线绳

续表

灵巧手	主要研究单位/国家	手指个数	关节数目	自由度	传动方式
ILDA Hand	韩国KIMM	5	20	15	连杆
RH56BFX	因时机器人	5	12	11	连杆

灵巧手主要技术难点在于：

1. 动态环境适应性

灵巧手在实际应用中需要应对复杂多变的环境，如何确保其在动态环境下的鲁棒性和适应性是一个重大挑战。灵巧手需要依赖高精度的感知系统来完成精确操作，但也需要控制成本，以便广泛应用，这对传感器的性能和成本提出了双重要求。

2. 多指协调控制

由于灵巧手通常具有多个自由度和多根手指，如何确保各手指的协调动作是一个难点，尤其是在执行复杂任务时。

3. 驱动与传动技术

灵巧手的驱动系统和传动方式直接影响其性能和操作精度，技术上需要不断优化以提升其鲁棒性、精度和效率。

4. 耐用性与可靠性

灵巧手的操作环境多样，其设计必须具备较高的耐用性和可靠性，尤其是在工业和医疗等应用场景中。

5. 结构设计与优化

在保证功能性的前提下，如何优化灵巧手的结构，使其更加紧凑、高效且易于维护，是一项长期的研究课题。

下面介绍几个灵巧手案例。

Tesla Optimus灵巧手使用腱绳传动系统来实现对手指的精确控制，如图2-26所示。类似于人类手指的腱和绳索结构，通过电机驱动的齿轮和滚珠丝杠将旋转运动转换为直线运动,螺母通过与腱绳相连,将直线运动传递给腱绳,腱绳形成一个环状结构,绕在螺母上,带动手指关节运动。

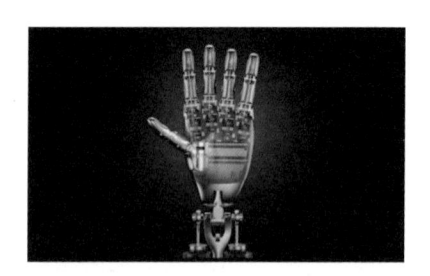

图2-26 Tesla Optimus灵巧手

如图2-27所示,Shadow Hand作为世界上最先进的五指机械手,共拥有24个自由度,其中20个由电机驱动,4个欠驱动,其设计目的是提供与人手相当的力输出和运动精度,并内置了129个传感器,包括关节位置传感器、温度传感器、力反馈传感器、肌腱张力传感器、指尖触觉传感器等,可以对环境进行触觉感应。

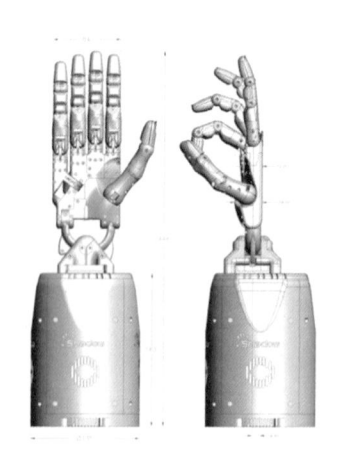

图2-27 Shadow Hand示意图

思灵机器人Dexterity Hand具有高度集成化和模块化的特点，如图2-28所示，其由4个模块化的多关节手指和1个具有主动对掌功能的拇指组成，所有的驱动、传动、传感及电气模块均集成在手上，采用"直流伺服电机和二级减速器"方式，确保了手指和拇指的大力输出和快速响应，同时具备机械自锁功能。

图2-28 思灵机器人灵巧手[1]

因时机器人FTP系列仿人五指灵巧手如图2-29所示，其集成了12个触觉传感器模块，分别布置于指尖、指腹及手掌部位，可实时获取五指的受力情况和各个接触面的触觉信息，进一步优化抓握动作，提升操作精细度。通过将微型伺服电缸内部的电机升级为空心杯无刷电机，丝杠替换为行星滚柱丝杠，使得核心运动部件的寿命大幅提升。

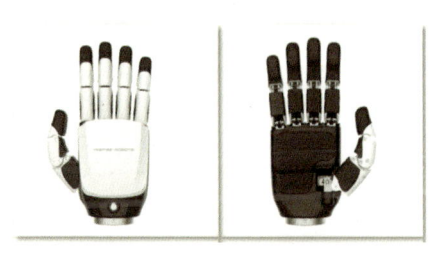

图2-29 因时机器人FTP系列灵巧手[2]

---
1 北京顺义官方发布：《思灵机器人——钉子碰到气球扎不破》。
2 中国机器人网：《FTP系列仿人五指灵巧手震撼来袭》。

帕西尼DexH13 GEN2多维触觉灵巧手如图2-30所示，其拥有13个自由度，是首款融合多维触觉与AI视觉双模态能力的四指仿生灵巧手，搭载了1956颗专业级ITPU多维触觉传感器，带来了7824路触觉信号解析能力，具有如人类般细腻灵敏的触觉。通过集成800万像素高清AI手眼相机，基于零样本位姿估计视觉算法，其拥有了AI视觉物体位姿估计能力。

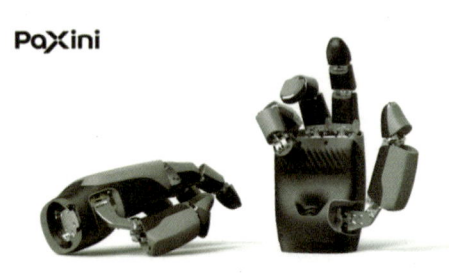

图2-30 帕西尼DexH13 GEN2灵巧手[1]

2.5 人形机器人机器体关键技术

人形机器人的机器体主要用于提供稳定的结构支撑和高效的动力输出，同时确保整体系统的长时间稳定运行与能量管理。机器体技术需要应对复杂环境中的动态负载和多任务操作对结构强度、能量效率和环境适应性的严苛要求，要构建兼具高强度、轻量化和多场景适应能力的机器体，需要骨架结构拓扑优化、高强度轻量化新材料、复杂身体结构增材制造等多方面的技术支撑和创新融合，支撑人形机器人在复杂环境下的长期稳定运行和能效优化。

---
1 帕西尼感知科技官网。

具体而言，通过骨架结构拓扑优化技术，根据任务需求与结构特性对骨架材料进行最优分配，实现材料的高效利用与结构轻量化设计，从而提升整体运动性能与动态稳定性。应用高强度轻量化新材料（如PEEK、碳纤维、石墨烯和镁铝合金等）能够在保持整体结构高强度的同时显著降低重量，具备更强的抗疲劳和抗冲击能力。通过3D打印等技术实现复杂几何结构的快速成型和内部微观结构的精细化控制，能够制造出传统工艺无法实现的复杂结构，从而提升整体的设计自由度和制造效率。

2.5.1　高强度轻量化新材料

轻量化是协作机器人安全性的重要体现，即通过降低质量和转动惯量以减少能量需求，改善控制性能，同时提高各阶固有频率以减小变形和振动，提高结构精度稳定性，降低与人冲突的危险程度。

目前机器人的轻量化主要从材料和结构这两个方面来实现。基于材料的轻量化，即使用新型小密度材料来搭建机器人，如德国宇航局的DLR LWR系列机器人采用碳纤维材料来搭建主体。而基于结构的轻量化方法则是在原有结构材料的基础上，通过改变结构形状来实现轻量化。如Albert等对机器人胸部结构采用结构拓扑来实现轻量化。两种方法均可达到轻量化的目标，但基于材料的方法需采用新型材料，其成本高且加工难度大。与其相比基于结构优化的方法只需改变结构形状，其成本低且容易实现，因而基于结构的轻量化就成了机器人轻量化设计的主要方法。

在传统的工业机器人制造中，最常使用的材料是各种合金钢等，这些材料有着较高的强度及较低廉的成本，在传统的机械设备中所占比重极高。而人形机器人的重量会加重电机的扭矩负担，增加驱动人形机器人行动的难度。本体轻量化能够大幅提高人形机器人的机动性并减轻运动惯性，改善其操作速度和准确度，提高工作效率。

材料轻量化包括零部件量产减重，以及新的高强度材料应用，目前主流材料包括PEEK（聚醚醚酮）、铝合金、不锈钢、钛合金、碳纤维复合材料等。其中PEEK材料被认为是具备较大应用潜力的一种材料，其重量较轻、性能较优是其脱颖而出的理由，是人形机器人齿轮、关节、肢体等部位轻量化的较好选择。Tesla的Optimus Gen2使用了PEEK材料制造手臂和其他部位。两个手臂的PEEK用量大约为10千克，其他部位如关节和轴承等总计约十几千克。在Optimus Gen2的手臂中，单向增强碳纤维与PEEK的比例大约为55∶45。

国内也有厂家在人形机器人的关节、轴承、齿轮等部件应用PEEK材料，本土市场与国际品牌正在形成配套生产链。虽然国产人形机器人的PEEK使用量较低，但其轻量化和提高耐用性的优势使其有更广泛的应用前景，表2-10所示为PEEK材料的主要特性。

表2-10　PEEK材料的主要特性

主要特性	特性说明	代表性指标
机械特性	PEEK兼具优异的刚性和较好的韧性，在交变应力下的抗疲劳性非常突出，可与合金材料相媲美	拉伸模量 缺口冲击强度 比强度
耐热特性	PEEK具有较高的玻璃化转变温度和熔点，其负载热变形温度和瞬时使用温度也较高	长期使用温度 导热系数

续表

主要特性	特性说明	代表性指标
阻燃性	PEEK具有自身阻燃性，不加任何阻燃剂即可达到最高阻燃等级（UL94V-0）	阻燃等级
耐磨性	PEEK可在250℃的高温条件下保持较高的耐磨性。	摩擦系数
耐腐蚀性	PEEK具有优异的耐化学药品性，在通常的化学药品中，能溶解或者破坏它的只有浓硫酸，其耐腐蚀性与镍钢相近	耐化学性
耐水解性	PEEK吸水率很低，23℃时的饱和吸水率只有0.4%，且耐热水性好，可在200℃的高压热水和蒸汽中长期使用	吸水率
耐剥离性	PEEK与各种金属的黏附力与耐剥离性很好，因此可做成包覆很薄的电线、电缆或电磁线，并可在苛刻的条件下使用	剥离强度
生物相容性	PEEK具有优异的生物相容性，可作为医疗器械植入人体。此外，PEEK可被X射线穿透，具有良好的可视性，能够避免在X射线片上造成伪影，同时可以在CT扫描或核磁共振成像辅助下进行手术，帮助医生在手术过程中调整植入体的位置，术后轻松跟踪愈合过程，从而能对骨生长和愈合实现良好的监控。PEEK的弹性模量与骨骼更接近，可以有效缓解应力遮蔽效应，使骨骼更健康、更长久	—

住友机电的超轻量化高强度的谐波减速器，内圈采用金属材料，外圈采用高强度树脂材料，在性能未下降的前提下，该减速器重量由纯金属的900克下降至260克左右。目前，该谐波减速器主要面向协作机器人，未来也能实现面向人形机器人。

碳纤维等复合材料适用于生产重量更轻、强度更高的人形机器人机械臂等结构部件，具有自重轻、强度高、精度高、耐磨损等特点。北京邮电大学研制的一款新型机器人碳纤维臂杆，减少了振动和运动惯性，在降低能耗的同时实现了机器人手臂更平稳的移动。

碳纤维增强PEEK高性能热塑性复合材料（CF/PEEK）有望成为未来人形机器人的核心材料。CF/PEEK指碳纤维以粉末、颗粒、连续纤维或者织物形式增强PEEK树脂基的复合材料，与传统铝合金和不锈钢相比，具有重量轻、强度高的优势。但其生产技术仍有待突破，目前CF/PEEK生产技术由日本东丽、英国威格斯等少数公司掌握，主要应用于航空航天等尖端领域。国内CF/PEEK的研发集中在高校、科研院所和极少数企业之中，大多数CF/PEEK产品依赖进口，应用成本较高，极大限制了国内市场对此类产品的大范围应用。

2.5.2　骨架结构拓扑优化方法

拓扑优化是一种结构优化方法，不仅能够完成相应结构的形状与尺寸优化，而且能够改变结构材料的分布状态，在节省材料的同时能够使结构形状与尺寸达到最优。在满足性能需求的前提下，对人形机器人的整体结构进行重新设计，通过拓扑优化，可以进一步提高结构效率，包括人形机器人的布局、支撑结构、连接方式等，以确保整体稳定性和耐用性。零部件企业与人形机器人企业进行深度合作能够更有效地实现结构优化。通过仿真分析，可以预测机器人的性能动态表现，并进行实际测试，更快验证仿真结果的准确性，发现零部件产品潜在的问题，从而开展针对性优化。

结构优化方法分为尺寸优化、形状优化和拓扑优化这3种。相比于其他两种方法，拓扑优化方法在结构优化中有更多的设计自由度，能够获得更大的设计空间，因此在设计阶段对结构进行拓扑优化是最有效率和价值的，拓扑优化也是如今设计过程中常用的一种结构优化方法，被广泛应用于汽车和飞机等工程领域，近年来逐步开始应用于机器人的结构设计。

一般应用于机器人的拓扑优化方法是对单个零件受力分析后直接优化，如Bai等（"Structural topology optimization for a robot upper arm based on SIMP method"）先对机器人SR-165上臂单独做受力分析，再施加等效约束载荷，进行上臂轻量化拓扑优化。Huang等（"The topology optimization for L-shape arm of motorman-HP20 robot"）先对Motorman机器人的L型臂采用动力学分析得到受力情况，然后对其施加等效约束载荷进行拓扑优化，最终得到比初始结构质量小、位移形变也小的优化结构。Ye等人（"The lightweight design of the humanoid robot frameworks based on evolutionary structural optimization"）对人形机器人均采用有限元分析的方法对相关部件进行单独分析，得到其受力情况，再对其施加等效约束进行结构轻量化拓扑优化，优化后的结构在质量减小的同时，刚度和振动特性与之前相比也均有所提高。

在人形机器人产品层面分析，国外如Albert Albers等分别对人形机器人ARMARIII胸部和手腕等结构进行了多种载荷作用下的情况分析，并对其独立施加相应载荷情况后采用结构拓扑来实现轻量化，使得整体重量大为减轻。Westwood Robotics在国际机器人与自动化大会上展示的全尺寸人形机器人THEMIS，身高1.65m，重量仅约30kg，全身使用碳纤维和航空铝合金复合结构，配有出色的深仿生拓扑优化设计及轻量化驱动模组。

国内的天链机器人在内嵌式伺服电机结构设计中，基于磁场优化、定子绕组优化、转子惯量优化、结构拓扑优化等，提高了电机扭矩密度，降低了转子惯量，创造性地提出内嵌式伺服电机结构，将电机及波发生器巧妙结合，使零件数量得到精减，可靠性进一步增强，大幅缩小产品体积和重量，获得高扭矩密度爆发能力，关节最大扭矩密度得到极大提高。吕鑫等以六自由度串联机械臂为优化设计对象，从材料和结构轻量化两方面进行轻量化设计，在极限工况下分别对以铝合金和3D打印塑料为材料的机械臂进行拓扑优化，在满足刚度与强度要求的条件下，成功将质量减轻26.5%。如图2-31所示，王明楠等基于拓扑优化对RV减速器进行轻量化设计，在确保RV减速器性能的基础上使其主要部件质量得到了减轻，拓扑优化方法为保证减速器的精度和延长使用寿命提供了新的研究方向。

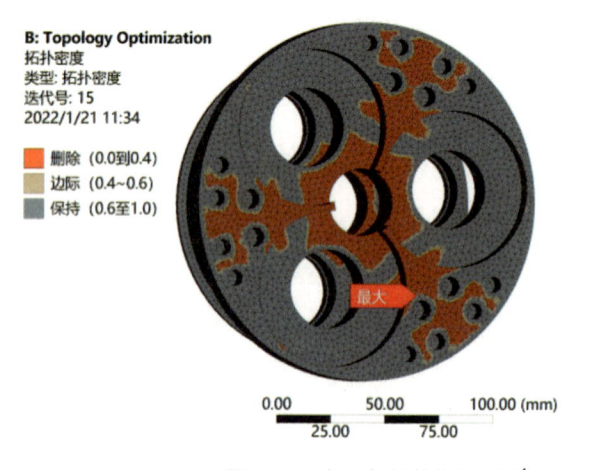

图2-31 行星架拓扑优化区域[1]

---

1 相关内容请参考：《RV减速器轻量优化设计》。

2.5.3 复杂结构增材制造方法

在机器人领域，3D打印技术正以革命性的方式重塑制造流程，实现机器人零件和外壳定制化和功能性机械系统的快速生产。机器人技术与3D打印技术的创新融合使具有自适应性和高度灵活性的复杂机械结构制作成为可能，这一进步不仅打破了传统制造技术的界限，更带来机械工程和材料科学的深度结合，开启了一个充满可能性的新纪元。

目前，上文提到的PEEK材料在3D打印技术中存在一些限制。采用FDM工艺成型的PEEK材料层间结合力较弱，用途受限且成本较高。而采用SLS工艺制作的PEEK部件强度更均匀，更适合制造复杂构件和医疗植入物，具有更广泛的应用前景。

瑞士苏黎世联邦理工学院的研究团队此前在*Nature*发表的研究利用视觉控制喷墨沉积工艺（VCJ）结合数字反馈回路，成功打造出具备高分辨率的复合系统和机器人，如图2-32所示，这项研究不仅推动了自动化、高通量的制造流程，还实现了多材料系统的精确构建。

美国弗吉尼亚理工大学研究团队PANDORA采用了增减材制造技术的混合方法，大部分结构组件通过3D打印完成，如图2-33所示。这不仅减轻了整体重量，还大幅减少了组装时间。PANDORA的下半身组件数量从先前型号的510件和480件减少到了228件，降幅超过50%。

中国人形机器人创新发展报告2025

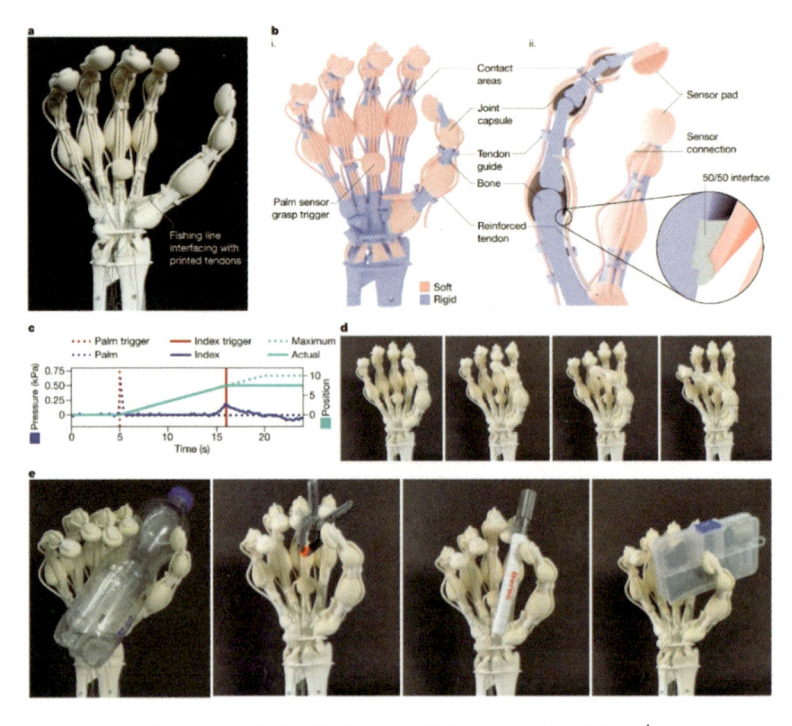

图2-32 苏黎世联邦理工学院研究团队发表的研究[1]

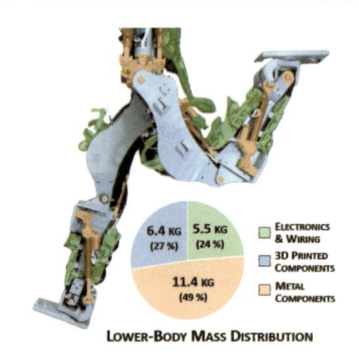

图2-33 PANDORA下半身包含金属和3D打印塑料部件组合[2]

---
1 相关内容请参考："Vision-controlled jetting for composite systems and robots"。
2 相关内容请参考："PANDORA: The Open-Source, Structurally Elastic Humanoid Robot"。

在国内，月泉仿生采用3D打印的树脂材料来模仿人体关节处的软骨层，减少摩擦和损耗。同时，使用超高分子量聚乙烯编织的软质构型仿生韧带，模拟人体韧带的非线性特性，以稳定包裹关节。香港中文大学的研究团队运用基于面投影微立体光刻的3D打印技术，创造了一种节肢型的水凝胶磁性软体机器人，其身体包含磁性和非磁性部分，能够通过时变电磁场诱导运动。这一突破性研究发表在 *Advanced Materials* 上，为软体机器人的设计和编程提供了新的视角。随着3D打印技术在机器人产业中的应用日益广泛，其多重优势逐渐凸显，已经成为推动整个行业进步的关键动力。

人形机器人重点产品培育

第3章

人形机器人重点产品体系如图3-1所示，包括人形机器人整机、支撑软件系统及基础组件、基础部件等。我国正在加速构建和完善人形机器人重点产品体系，并在部分细分产品领域取得突破性进展。

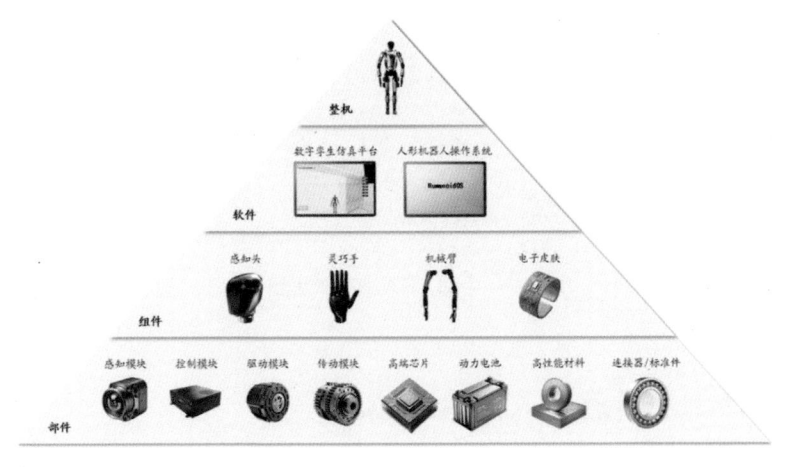

图3-1 人形机器人重点产品体系

目前，我国人形机器人整机终端产品尚未实现规模化商业落地，产业链仍处于持续构建之中，图3-2所示为中国人形机器人产业链图谱。随着人形机器人创新体系的逐步建立，以及"大脑、小脑、肢体"等一批关键技术的持续突破，我国将有望逐步形成高效可靠的人形机器人产业生态体系。

图3-2 中国人形机器人产业链图谱

3.1 人形机器人整机产品

2023年以来全球多家厂商纷纷发布自研的人形机器人整机产品，其中中国内超过80家厂商已发布人形机器人整机产品，目前发布的整机产品以基础版整机为主。总体来看，我国人形机器人整机产品的技术基本达到国际先进水平，在一些细分指标上的创新突破实现了国际领先。

如图3-3所示，当前我国发布人形机器人整机产品的企业及机构覆盖了跨领域企业、本体初创企业、高校研究院所、上游部组件企业，以及中央部委和地方政府支持下的创新中心等，产业参与热情高涨，相关技术和产品迭代迅速。

图3-3　国内部分人形机器人整机企业及机构分类

3.1.1 创新中心

我国已有5家人形机器人创新中心推出人形机器人或类人形机器人整机产品，展现出多样化的发展路线，为我国人形机器人整机产品的发展方向提供了标准化样板和创新思路，以下列举部分人形机器人创新中心及其代表产品。

1. 国家地方共建人形机器人创新中心

青龙人形机器人，身高185cm，体重75kg，全身43个自由度，关节扭矩密度200N·m/kg，搭载400TOPS算力，同时具备高机动下肢行走配置与轻量化高精度上肢作业配置，支持快速行走、敏捷避障、稳健上下坡和抗冲击干扰等四大运动功能，是未来通用人工智能软硬件开发的理想载体。

2. 国家地方共建具身智能机器人创新中心

天工人形机器人，身高173cm，体重60kg，全身42个自由度，搭载550TOPS算力，可实现6km/h的稳定奔跑，能够平稳通过斜坡和楼梯，对磕绊、踏空等情况也可以做到步态的敏捷调整。

3. 浙江人形机器人创新中心

领航者人形机器人，身高165cm，体重60kg，全身41个自由度，搭载275TOPS算力，最快速度不低于6km/h，可适应斜坡等多种不平整地形，可抗未知扰动，支持人机自然交互、环境语义导航、复杂环境操作，以及动态伺服控制等。

4. 安徽人形机器人产业创新中心

启江人形机器人，身高180cm，体重60kg，全身38个自由度，配备多个高精度传感器，可以完成人类四肢能够做到的基本动作，以及叠衣服、开瓶倒水、擦盘子等精细动作，还可以在颠簸不平的路面正常行走。

5. 成都人形机器人创新中心

贡嘎一号类人形机器人，自重25kg，最大负载5.5kg，拥有全球最高负重比0.22和全球最长续航时间8小时。

3.1.2 本体企业

我国已有超过80家厂商发布人形机器人整机产品，并仍在持续增加，各厂商凭借自身在结构设计、控制算法、具身大模型等方向的技术积淀，持续创新，并逐步尝试商业化落地应用探索，以下列举部分人形机器人本体企业及其代表产品。

第3章 人形机器人重点产品培育

1. 智元机器人

远征A2人形机器人，身高169cm，体重69kg，全身自由度超过40个，具备拟人构型与人因设计、多模交互与智能体验、自主移动与可靠行走、多重保障与安全无忧、便捷操作与极简维护五大核心优势。

2. 宇树科技

Unitree H1人形机器人，身高180cm，体重47kg，全身18个自由度，打破了全尺寸人形机器人速度的世界纪录，达到了3.3m/s（11.88km/h），H1拥有先进的全身动态协调能力，除了能够编组跳舞之外，还能搬运物品和上下楼梯。

3. 乐聚机器人

KUAVO人形机器人，身高150cm，体重50kg，全身自由度30个，其步速最高可达4.6km/h，具有高动态运动能力，可实现整机连续跳跃，跳跃高度超过20cm，能实现草地、沙地等多类非平整地面行走。

4. 傅利叶智能

GR-2人形机器人，身高175cm，体重65kg，全身自由度53个，单臂运动负载能力3kg，最大关节扭矩380N·m，步态行走速度达5km/h，在执行复杂任务时更加精准和灵活。

5. 优必选

Walker S人形机器人，身高172cm，体重76kg，具备负载15kg行走的能力，一体化关节最大扭矩可达250N·m，可针对工业场景进行多应用灵活开发。

6. 银河通用

Galbot G1类人形机器人，身高173cm，臂展为190cm，采用独特的移动双臂和轮式腿设计，实现了360°移动能力，它可以自主切换到"跪姿"或者"站立"模式，这样的设计使得它能够应对不同任务需求。

7. 开普勒探索

先行者K2人形机器人，身高175cm，体重83kg，全身52个自由度，搭载100TOPS算力，基于云端大模型的"大脑"+具身小脑的组合，模仿学习+强化学习的技能训练，K2基本实现了自主完成特定场景工作任务的能力。

8. 达闼

XR4人形机器人，身高169cm，体重75kg，全身自由度超过50个，双臂负载能力20kg，其将云端智能计算与本地感知、行动和反馈的本体相结合，并通过模仿学习和基于数字孪生的强化学习，提供感知、认知、推理、决策的能力。

9. 星动纪元

STAR1人形机器人，身高171cm，体重65kg，全身自由度55个，最大奔跑速度超6m/s，最大负载160kg。采取硬件模块化设计，具有可复用式轮式底盘和双足，并实现了智能算法无缝切换。

10. 加速进化

T1人形机器人，身高110cm，体重30kg，搭载200TOPS算力，能够完成环境感知、任务决策和人机交互等多种任务，支持全向行走、行走抗扰、跌倒爬起、踢球等多项能力，兼容ROS2生态和多种仿真环境，支持用户进行二次开发。

11. 卓益得

X02Lite人形机器人，身高160cm，体重28kg，采用独特的肌腱仿生驱动方案，不仅实现了机器人的轻量化，还确保了力感知和高续航，降低了转动惯量和传动损耗，兼顾了安全和力量。

12. 星尘智能

Astribot S1类人形机器人，具备在复杂环境中的感知、认知、实时决策能力，以及智能理解和多模态交互执行能力，实现了物体、任务和环境级别通用操作泛化。

3.1.3 跨领域企业

其他领域企业如车企、手机企业及智能家电企业等均将人形机器人视为其未来发展战略的重要拼图，各跨领域企业利用自身场景基础和产业链优势，在人形机器人赛道进行发力，以下列举部分跨领域企业及其人形机器人代表产品。

1. 小米

CyberOne人形机器人，身高177cm，体重52kg，全身自由度21个，步行速度3.6km/h，可识别6类45种人类语义及情绪，外加85种环境音。

2. 小鹏

PX5人形机器人，身高150cm，能够很好地模拟人类步态，适应各种复杂地形，从而在各种环境下都能保持稳定行走，此外，双足设计使其能够轻松跨越障碍物，在复杂环境中自如行动。

3. 追觅

DREAME人形机器人，身高178cm，体重56kg，全身自由度44个，结合灵巧手操作可以实现咖啡拉花等操作，能够适应不同路面，能够实现自主避障，还能够单腿站立。

4. 科大讯飞

科大讯飞人形机器人，身高170cm，体重60kg，能够实现直立行走和屈膝站立，还能够做出倒咖啡、双臂协同用毛巾擦汗等动作。

5. 奇瑞

Mornine人形机器人，采用仿人硅胶面孔，具备模拟人类面部肌肉动作能力，可以模拟人类的嘴巴和面部肌肉运动，进行说话、微笑、张嘴等。

3.1.4 上下游部组件企业

人形机器人产业的发展带动了工业机器人上下游产业链的转型升级，而部分拥有核心部组件技术的产业链上游企业开始利用自身核心技术优势尝试进入整机赛道，以下列举部分上下游部组件企业及其人形机器人代表产品。

1. 帕西尼感知

TORA-ONE人形机器人，全身自由度47个，单臂负载6kg，其4指仿生灵巧手双手搭载了近2000个ITPU高精度触觉传感器，能实现物体6D位姿识别与柔性抓取。

2. 巨蟹智能

小蟹人形机器人，身高180cm，体重65kg，全身自由度32个，其特点是轻量、低功耗、大载荷、组件式设计，整机可批量制造性强。

3. 节卡机器人

JAKA K-1人形机器人，拥有±0.1mm重复定位精度，单臂负载为3~5kg，具备人形机器人所需"小脑"、双臂、力觉和视觉等成熟组件，可实现双臂协同联动功能。

4. 钛虎机器人

瑶光T170A人形机器人，身高170cm，体重48kg，全身自由度44个，单手负载5kg，实现了高度灵活的操作与精准的感知，并具备环境感知与避障能力。

5. 星海图

R1类人形机器人，身高168cm，体重70kg，基于全向矢量底盘支持各种场景下的移动操作需求，有80cm的操作半径，和下触地面、上触2m的操作空间。

6. 福德机器人

天链T1人形机器人，身高160cm，体重43kg，全身自由度71个，负重深蹲达145kg，自主研发超轻量一体化关节，能独立完成旋转、跳跃、劈叉、前压腿等高难度动作。

3.1.5 高校/科研院所

高校和科研院所是我国探索人形机器人技术的先行者，目前，部分高校和科研院所形成了具有鲜明特色的研究团队，利用实验基础设施优势，持续进行人形机器人技术的前沿探索，以下列举部分高校/科研院所及其人形机器人代表产品。

1. 哈尔滨工业大学

HIT WLR人形机器人，身高170cm，体重80kg，采用轮腿复合方式，以液压驱动为主，具有轮式快速移动特点，最高速度超过15km/h，腿式跳跃过障0.5m，并具备通过斜坡、通过起伏地形，以及搬运的能力，具有自主定位、建模和导航功能。

HIT Humanoid人形机器人，身高160cm，体重60kg，全身自由度21个，是一款液压驱动的双足机器人，目前该机器人已完成样机的研制。

2. 北京理工大学

汇童系列人形机器人，其中新一代"汇童6"仿人机器人身高165cm，体重55kg，全身自由度26个，可完成走、跑、跳等一系列精细动作，奔跑速度可达7km/h，跳跃高度为0.5m，双足原地跳跃距离可达1m，能够自主攀登20cm高度的楼梯，自主跨越30cm高度障碍。

3. 复旦大学

光华一号人形机器人，身高165cm，体重62kg，全身拥有45个传动比可变的混联智能关节和层次化生成式具身"大脑"，采用高度仿真的躯干构型及工业化的外观设计，搭载复旦自主研发的语言、情感及运动大模型。

4. 浙江大学

悟空系列人形机器人，通过融合腿足运动技术和环境感知技术，实现了机器人的三维环境地图构建和自主动态导航。其最高行走速度为6km/h，可以实现最大0.5m的跳跃高度，可上下25°斜坡和10cm台阶，可适应室外路面、草丛、泥地等多种地形。

5. 武汉大学

天问人形机器人，身高170cm，体重65kg，全身自由度36个，天问的柔性手指以腱绳驱动，不仅能够实现对脆弱物品的柔性抓取，还能针对不同尺寸、外形、材质的物体调整抓取姿态和最佳力度。下肢用强化Sim2Real和上肢用模仿扩散模型的技术路线，初步实现了机器人稳定行走的功能。

6. 厦门大学

i宝人形机器人，是厦门大学与阿凡达合作研制，其采用多模态大模型和云端"大脑"驱动，具备智能交互能力，能够根据用户的需求做出自主动作，并通过语音识别和人脸识别实现智能互动。

7. 之江实验室

小之人形机器人，身高165cm，体重72kg，之江实验室以智能机器人云脑和人形机器人研究重大任务为牵引，开展传动驱动、运动控制、定位导航、感知理解、决策规划等研究。

8. 中国电子科技集团公司第二十一研究所

电科机器人1号人形机器人，身高162cm，体重60kg，全身自由度39个，单臂最大负载5kg，最快行走速度可达5km/h，实现了在草地、碎石路面、斜坡等非平整路面的稳定行走，具备初步的抗干扰能力和灵巧作业能力。

9. 中国科学院自动化研究所

Q系列人形机器人，其中Q1为仿生高动态双足机器人，Q2为采用有限元分析+拓扑优化打造的多地形适应机器人。Q3为高爆发运动机器人，具备批量化鲁棒控制与不同环境适应能力，适用于农田作业、野外巡逻等场景。Q4为类人形机器人，主打运动特性和精准操作，拥有高柔顺、高精度运动特征。Q5为高并发推理人形机器人，是该团队为满足人形机器人在室内场景的智能化需求而打造，融合了紫东太初多模态大模型。

图3-4按照人形机器人身高排序，展示了全球部分人形机器人整机产品。

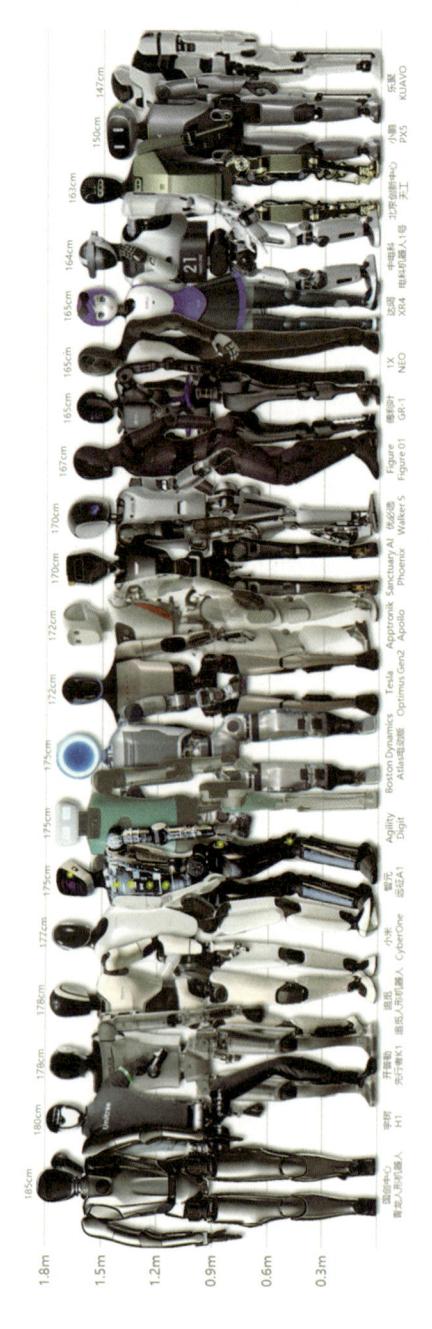

中国人形机器人创新发展报告2025

图3-4 全球部分人形机器人整机产品

118

3.2 人形机器人基础部件

在人形机器人产业发展中,健康牢固的基础部组件产业链是实现人形机器人规模化量产的关键。目前,国产基础部组件产业链具有巨大的发展潜力,其突破将为人形机器人在性能优化、成本控制、可靠性提升、安全性增强,以及技术创新等多个维度上带来显著的进步。加速基础部组件的国产化研发与落地,是实现我国人形机器人产业自主可控和可持续发展的重要途径。

如图3-5所示,人形机器人的基础部件包括感知模块、控制模块、驱动模块、传动模块、高端芯片、动力电池及各种标准件和连接器等。由感知模块构成的组件收集外部环境和内部状态等信息,将这些数据传输给控制模块,控制模块基于高端芯片进行计算做出相应决策,通过由驱动模块和传动模块构成的组件,如灵巧手、机械臂等,做出精确的任务动作。此外,动力电池为整个系统提供必要的能量,确保机器人能够持续高效运作。这些部组件通过各种标准件和连接器集成,使人形机器人具备实现复杂功能和高效性能的潜力。

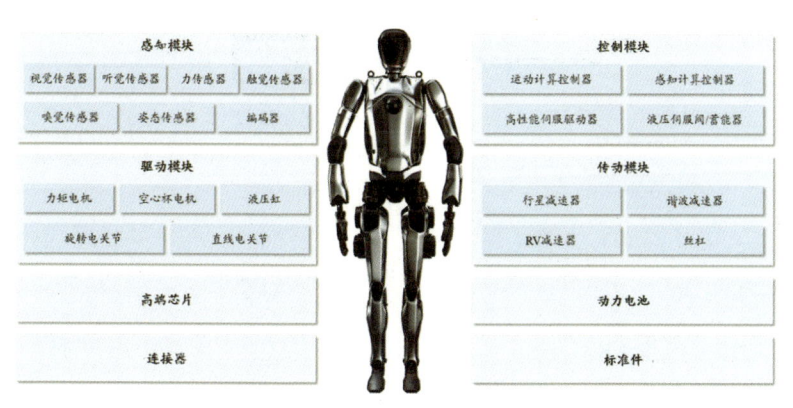

图3-5 人形机器人基础部组件构成

3.2.1 感知模块

如图3-6所示,感知模块主要由负责各类数据采集与环境认知的传感器构成,包括视觉传感器、听觉传感器、力传感器、触觉传感器、嗅觉传感器、姿态传感器及编码器等。其中视觉传感器获取图像信息,听觉传感器捕捉声音信号,力传感器与触觉传感器感知物体接触的力量与表面特征,嗅觉传感器检测气味,姿态传感器监测机器人的身体姿态和平衡,编码器则提供关节位置和运动速度等信息。

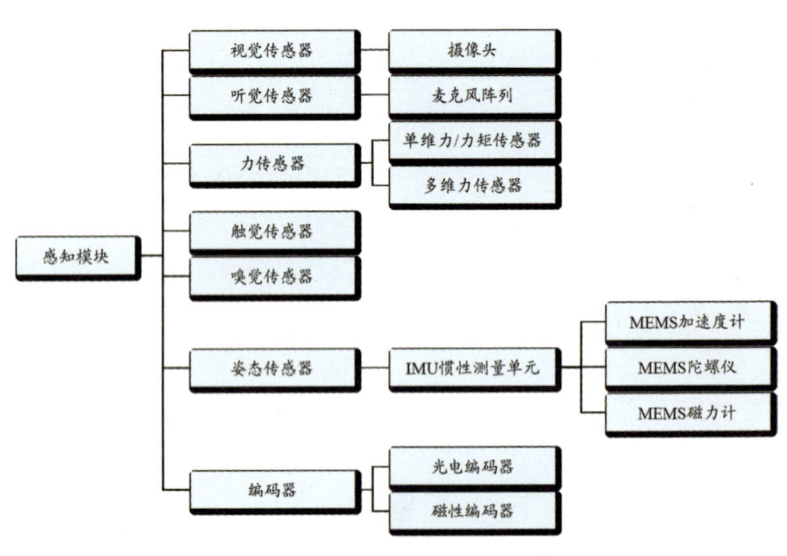

图3-6 人形机器人感知模块构成

1. 视觉传感器

人类约80%的信息是通过人眼感知获取的,未来的机器人也将和人类一样,大量信息都将通过视觉感知获取。机器视觉技术按照成像维度的不同,可以划分为2D和3D两大类别。2D成像技术使用到的传统RGB相机，仅能捕捉到物体表面的纹理信息，没有物体到相机的距离信息。而现实物理世界是三维的，2D成像技术虽然发展多年，但因缺乏深度数据而难以完整重现各类三维场景。为了弥补2D视觉技术的不足，3D视觉感知技术应运而生，展现出更加复杂和智能的功能。3D视觉感知方法主要包括飞行时间（ToF）法、双目立体视觉法、结构光法等。这些技术的有效利用可以让终端获取更多精准的三维信息，助力各类终端更好地看懂三维世界。

国内外已经有众多人形机器人厂商发布了产品样机，领先厂家已经开始规划规模量产。不少人形机器人选用3D视觉方案以保证人形机器人的环境感知及交互能力。Boston Dynamics的Atlas采用RGB摄像头+ToF深度相机，优必选采用RGBD+双目相机，傅利叶GR-1采用深度相机，开普勒先行者系列采用3D视觉+鱼眼环视相机，小米CyberOne配备了自研空间视觉模组+AI交互相机。大部分案例均使用3D视觉传感器，各类型的深度相机被广泛使用，部分厂商的方案同时搭配了激光雷达，如Agility Robotics Digit、宇树H1、智元远征A2等。也有少数厂家仅使用摄像头作为视觉传感器的方案，如Tesla Optimus，其视觉感知系统主要基于Tesla FSD（Full-Self Driving，完全自动驾驶）的计算机模组和方案，面部配备8个汽车同款Autopilot摄像头。1X Technologies EVE则配备全景摄像头。

国外企业在视觉传感器的精度、稳定性及与AI算法的结合方面相对成熟，并且机器视觉产业链的布局更为全面。基恩士、康耐视等国外公司提供了目前机器视觉市场的标杆技术，进而垄断了超60%的全球市场份额。但从国内机器视觉市场发展来看，内外资品牌的竞争已开始呈现分庭抗礼的局面，甚至在某些产业链环节，国产的份额已领先于外资。近年来随着国内企业对高精密3D测量技术的不断积累，国产设备在应用中已逐渐展现出相当于国外竞争产品的能力，并且凭借较高的性价比开始替代进口设备，替代空间广阔。表3-1所示为国内部分视觉传感器企业。

表3-1 国内部分视觉传感器企业

企业	简介
LUSTER 凌云光	FZMotion智能体位追踪系统具备320FPS高帧率、高精度、低延时等特点，可实现亚毫米级的室内定位，实时跟踪测量并记录三维空间内点的轨迹、刚体的运动姿态及人体动作
奥比中光 ORBBEC	已实现3D视觉感知技术全覆盖，含结构光、双目视觉、iToF、dToF、激光三角测量技术，是业内少见的芯片-算法-系统-硬件一体化解决方案厂商
MRDVS Mobile Robot Vision Expert	迈尔微视与业内领先的机器人厂商深度合作，交付了超万套3D视觉相机。率先推出多模态工业相机，并提供将3D视觉与AI算法深度融合的导航、避障、对接、抓取解决方案

2. 听觉传感器

完整的机器人听觉系统包含三个主要的元器件，分别是麦克风、扬声器与音频IC（集成电路）。声音采集主要由麦克风来实现。声音处理由各类音频IC或云端来实现，如ADC（模拟数字转换器）、DAC（数字模拟转换器）、音频编码器/解码器等。声音播放主要由音频放大器（属于音频IC）、扬声器来实现。

人形机器人的听觉传感器通常由一个或多个麦克风组成，部分配备声音处理算法。听觉传感器赋予人形机器人接收和理解声音的能力，支撑机器人语音识别、声源定位和语音交互技术，助力人形机器人实现更加复杂的人机交互。当前，MEMS麦克风已逐步取代驻极体麦克风。MEMS麦克风是一种采用MEMS技术将声学信号转换为电学信号的声学传感器,具有体积小、功耗低、一致性好、可靠性及抗干扰能力强等优势,因而近年来在各类电子产品中得到广泛应用。在MEMS麦克风中,决定产品性能的关键是MEMS麦克风芯片。该芯片目前拥有两种主流架构模式,分别来自国外知名企业德国英飞凌和美国楼氏电子,而目前国内企业尚无法掌握其主流架构。

听觉传感器作为智能设备实现语音识别和环境声音检测等功能的关键,已经在全球范围内得到了广泛的应用和发展。在这一领域,国外技术起步较早,拥有较为成熟的研发和制造体系,其产品在精确度和稳定性方面具有一定的先发优势。然而,随着国内技术的快速发展和市场的逐渐成熟,我国的听觉传感器产业在近几年也取得了显著的进步。国内企业通过不断的技术创新和产业链逐渐完善,已经能够生产出性能可靠、效益高的听觉传感器产品,缩短了与国外产品的差距。这些产品在满足国内市场的需求的同时,也在逐步扩展国际市场份额。表3-2所示为国内部分听觉传感器企业。

表3-2 国内部分听觉传感器企业

企业	简介
Goertek	全球第二大声学器件供应商,公司自主研发的麦克风/阵列,结合北京/欧洲团队开发的降噪和回声抑制算法,可实现完美的语音交互
AAC Technologies	掌握领先的电声技术以及全面的封装工艺,拥有独立自主的MEMS和ASIC芯片设计开发能力,在尺寸、灵敏度、信噪比、声学过载点等主要指标上均全球领先

续表

企业	简介
敏芯股份 MEMSensing	本土屈指可数的掌握多品类MEMS芯片设计和制造工艺的企业，实现了全产业链自主化和可控化。声学传感器芯片出货量全球第三，声学传感器器件出货量全球第四

3. 力传感器

以力传感器为核心的力-位控制是机器人的主要控制方式之一。力控制一般泛指机器人应用领域中，利用力传感器作为反馈装置，将力反馈信号与位置控制（或速度控制）输入信号相结合，通过相关的力-位混合算法，实现力-位混合控制的技术。

按照测量维度，不同的力矩传感器可测量一至六维。相对于一维力传感器，六维力传感器的力控维度更多，能够测量物体在笛卡儿空间内所有受力情况，可测量X、Y、Z轴方向及绕X、Y、Z轴旋转的应用负载，并能承受额定测量范围5到20倍的过载，精度可达0.01N，因而能够更全面地反馈力觉信息，有效提升机器人的力度感知性能。在传统协作机器人中，六维力传感器的使用相对较少，通常依赖精确的编程和导航来完成工作，对于环境的适应性和灵活性相对较差。人形机器人需要更强的环境适应性和灵活性，需要在各种复杂的环境中行动，与人进行交互，处理各种预料中的和意外的情况，这就要求能够实时感知自身的力的状态。

目前的主流设计方案中，人形机器人需要4个六维力传感器，分布在腕部和踝部。为实现对人手的模仿，人形机器人需要精准测量手关节的受力情况。由于手关节的执行器工作过程中的力臂较大且随机变化，一、三维力传感器不能满足需求，所以一般在机器人腕部采用六维力传感器。人形机器人在行走过程中，需要测量落脚时所受的力和力矩，以控制机器人的身体姿态并维持平衡，因而同样需要在两个脚踝处安装六维力传感器。

美国、日本和欧洲在力传感器技术方面处于领先地位。特别是美国，其力传感器的产业链较为成熟，从设计、制造到应用各个环节都有完善的体系。ATI、Delphi等高精度力传感器已经广泛应用于机器人领域，在六维力传感器的核心技术，如解耦算法、标定与检测设备、耦合误差处理等方面具有明显的先发优势，市场占有率较高。

国内力传感器技术更多依赖于电阻应变片、压电材料等传统传感技术，限制了传感器技术向高精度、多自由度等方向的发展，使得产品性能与国际头部企业仍有差距。受高技术壁垒的影响，国产六维力/力矩传感器与外资主流传感器在灵敏度、串扰、抗过载能力及维间耦合误差等方面仍存在差距。此外，国内力传感器产业链相对分散，虽然六维力传感器企业数量逐年增加，但真正具备批量化产品供应能力的厂商仍偏少，规模化生产和应用还有待加强。与此同时，国产品牌成本优势显著，有望通过低成本、大规模的方式推动国产技术迭代。表3-3所示为国内部分力传感器企业。

表3-3 国内部分力传感器企业

企业	简介
坤维科技	提供高精度力传感器（六轴力传感器）及力控解决方案，主要开发面向机器人及其他智能装备行业的力传感器产品，拥有国内首款通过防爆认证的六维力传感器
鑫精诚传感器	专注微型压力、称重、多轴力、扭力等多样化的智能传感器与控制仪表等工业级产品开发。六维力传感器产品作为其最具竞争力的产品之一，可覆盖大部分应用

续表

企业	简介
SRI-Sunrise Instruments	公司围绕力测量和力控制,为全球客户提供系列化的解决方案。多轴力传感器产品包括六维力传感器、三维力传感器、一维力传感器和关节扭矩传感器
Link-touch 蓝点触控	围绕解耦算法、结构解耦设计、高精度数据采集、多轴同步校准四个方面,从事高精度、高性能力传感器,以及力控产品的研发和生产。机器人关节力矩传感器占据国内超80%的市场
HYPERSEN	专注于工业级传感器的深度学习技术的创新,集光、机、电、算技术综合应用于一体,具备传感器系列产品的研发能力和规模化生产能力

4. 触觉传感器

机器人触觉传感器从敏感元件感应原理上主要分为压阻式、压电式、电容式、光电式、磁敏式、超声式等,目前易于集成和批量化制作的主要是压阻式、压电式、电容式触觉传感器。

电容式触觉传感器利用传感单元电容值变化情况来检测施加力的位置和大小,其问题在于制造体积太小时,电容值非常小,对检测不敏感,结果容易受噪声影响。电阻式触觉传感器利用传感单元电阻值变化情况来检测施加的力的位置和大小,整体成本相对较低,但是响应有所滞后。压电式触觉传感器利用压电材料在受力变形时产生电压的特性来检测力,用于制备的材料主要是PVDF(聚偏二氟乙烯),其特点在于仅适用于动态测量,且拉伸性较为有限。

对于人形机器人,除了手指、肢端等需要高灵敏度的部位外,四肢、前胸、后背等外露的部位也期望进行全面覆盖,以实现类似人类的触觉感知。传统刚性传感器小而硬的形态限制了它们在许多应用中的功能发挥，针对刚性传感器的不足而发展的柔性传感器有更广泛的使用范围。柔性传感器可以测量动态、形状变化的物体和大面积的非平面，由于其机械柔韧性和可拉伸性，在传感器受到一定程度的弯折、拉伸后，传感性能仍然稳定。柔性传感器基质为有机材料或塑料薄膜等，重量轻，成本低，有利于集成分布和规模生产，同时可以提供更环保的传感器生产和处置方式，解决电子废物问题。

然而当前柔性触觉传感器商业化仍面临着较多难点。首先，柔性触觉传感器信号处理机制复杂，阵列式的触觉传感器的一次测量往往会涉及三维力、温度、硬度等多种物理量。如果是集成式触觉传感器，单体触觉感知单元信号之间存在串扰问题，因此触觉传感器的标定机制远复杂于其他类型传感器，而精度却不一定能保证。目前研究人员主要通过图形处理系统和AI来完成传感器的纠偏和标定。其次，柔性触觉传感器产品定制化属性强且加工设备昂贵，当前的制造成本仍然偏高。不同应用场景会导致所需的触觉传感器规格存在差异，使得订单定制化率较高。而目前尚无能够批量化使用的下游场景，导致单批次的加工成本较高。最后，柔性传感器的制造成本高昂。高灵敏度电子皮肤触觉传感器的制作通常涉及聚合物微加工、氧等离子体处理、电子束蒸镀、磁控溅射等复杂的工艺和技术，相应的生产成本短期内无法快速降低。

近年来基于柔性衬底的MEMS传感器有了较大突破。其因具备较好的挠曲性、耐冲击性和机械性能，而成为未来柔性传感器技术的发展方向。同时，聚合物微加工技术、电子印刷工艺、3D

打印技术的发展颠覆了传统设计和制造方式，可以把特定导电材料注入高分子材料中，也为柔性传感器制造提出了新的方案。表3-4所示为国内部分触觉传感器企业。

表3-4　国内部分触觉传感器企业

企业	简介
Hanwei	子公司能斯达主要产品为柔性压力传感器、柔性压电传感器、柔性电容传感器、柔性热敏传感器、柔性温湿度传感器、柔性一体化复合微纳传感器等
PaXini	国内首家多维多阵列触觉传感器落地厂商，产品有多维度触觉传感器PX-6AX、消费级触觉传感器PX-3A、人形机器人Tora等
TacSense	拥有全球最灵敏、最柔性的触觉传感技术柔性离电式传感技术（FITS）
墨现科技 MATRIX INNOVATION	实现了功能性与可靠性完全解耦的逾渗式压力传感器量产方案，其FLX系列柔性薄膜压力传感器，能够同时满足高可靠性、低触发力度、大量程、低成本的需求
纽迪瑞	消费电子领域压力触控解决方案龙头企业，主要产品包括微压力应变器、压力触控、即贴即用型传感器，具备传感器芯片研发能力

5. 嗅觉传感器

机器人嗅觉系统是由化学气体传感器、信号处理和机器学习算法驱动的系统，用于实现人工嗅觉。进气系统嗅探的加臭剂分子与气体传感器内的传感材料相互作用，使可测量的电子信号发生变化。模数转换后，连续信号被转换为数字形式，以便访问和应用后续算法。

对于气味感知（尤其是气味类别识别和强度量化），基本算法框架通常包括以下模块：信号处理算法，用于提高原始信号质量；特征提取和优化算法，用于构建增强信号的信息量最大且希望非冗余的数值表示；模式识别算法，用于从表示中发现知识并为给定任务做出决策。迄今为止，在非实验室条件下可靠地识别气味类别或量化气味强度极具挑战性，实际应用中获得的目标气味信号会受到许多因素的影响，包括温度、气压、湿度和干扰气味等。由于实验结果难以分析和复制，因而在实际环境中评估机器嗅觉系统通常无助于系统改进。因此，开发高效的信号模型、仿真方法和算法对于构建复杂的机器人感知系统非常重要。这些模型、仿真方法和算法能够考虑温度、压力、湿度、气味干扰、传感器噪声以及传感器漂移等因素，从而在真实的开放式采样环境中模仿气味信号。此外，算法研究也可以在一定程度上有效地提高气体传感器的性能。

可以预见的是，机器人嗅觉在环境监测、安全监控、危险环境、医疗卫生等领域中具有广阔的应用前景，能够对烟雾、多种气体浓度等数据进行采集和判定。当前，全球气体传感器生产商主要集中在英、日、德、美和中国，如英国城市技术公司、日本Figaro等。中国气体传感器发展历史较短，技术基础薄弱，产品性能相较于国外厂商还存在一定的差距。表3-5所示为国内部分嗅觉传感器企业。

表3-5 国内部分嗅觉传感器企业

企业	简介
Winsen 炜盛科技	具备先进的气体传感器生产技术，是国内气体传感器行业的领先者，每年为全球市场提供超过800万支各类气体传感器

续表

企业	简介
艾感科技	全球唯一可商用大规模气体传感器阵列芯片供应商,生产小型化低功耗的气体传感器和阵列化的嗅觉芯片。主要产品有NHC单Pixel传感器及模组、2×2和3×3阵列嗅觉芯片等
中科微感 CSMS	推出普适型人工智能+嗅觉传感器,提供量产化的高一致、低成本、微型化的嗅觉传感器阵列硬件,提供标准化人工智能+嗅觉气味感知平台,有助于快速构建和应用气味数据模型

6. 姿态传感器

人形机器人位移和姿态的稳定性控制主要依赖于惯性测量单元（Inertial Measurement Unit，IMU），是测量物体三轴姿态角（或角速度）及加速度的装置。IMU通常指两个或以上惯性测量MEMS芯片及ASIC芯片合封后具有完整功能的器件。根据内置传感器（三轴磁传感器、三轴加速度计和三轴陀螺仪）的不同，分为六轴和九轴IMU，能够满足不同应用场景下高精度测量的需求。最常见的六轴IMU包含三个轴向的陀螺仪和三个轴向的加速度计，以测量物体在三维空间中的角速度和加速度。IMU是惯性定位技术的核心设备，经过误差补偿和惯性导航计算，最终输出载体相对于初始位置的坐标变化量、速度等导航信息，以实现对机器人运动状态的精确监测。

在IMU的核心组成部分中，MEMS加速度计是一种惯性传感器，通常由质量块、阻尼器、弹性元件、电容极板（适用于电容式加速度计）和ASIC芯片（专用集成电路芯片）等部分组成。根据测量维度的不同，加速度计分为单轴、二轴、三轴三种类型。单轴、二轴加速度计仅能检测平面的运动状态改变，三轴加速度计可以实现单一产品测量三维空间的加速度，从而满足微型化及更多领域的应用需求。

根据感测原理,MEMS加速度计可分为压阻式、电容式及压电式等多种类型。电容式MEMS加速度计具有高灵敏度、高精度、低温度敏感的特点,在市场中占据主导地位。

另一核心组成部分陀螺仪,是测量角速度的一种器件,也是惯性系统的重要组成部分,主要用于导航定位、姿态感知、状态监测、平台稳定等应用领域。利用陀螺仪可得到角度位置,因此可以用来检测设备的姿势变化。陀螺仪传感器有多种类型,用途也很丰富,根据俯仰角、横滚角、航向角的检测轴数,可分为单轴、双轴、三轴等三种。陀螺仪主要包括激光陀螺仪、光纤陀螺仪和MEMS陀螺仪,技术发展相对成熟。

激光陀螺仪和光纤陀螺仪分别属于第一代光学陀螺仪和第二代光学陀螺仪,激光陀螺仪利用光程差的原理来测量角速度,光纤陀螺仪与激光陀螺仪基本原理相同,但由于光纤可以进行绕制,激光回路长度可以增加,检测灵敏度和分辨率也得以提高,能有效克服激光陀螺仪的闭锁问题。MEMS陀螺仪具备小型化、高集成、低成本的特点,加之高性能MEMS陀螺仪精度的不断提升,可解决光纤陀螺仪和激光陀螺仪体积较大、抗冲击能力较弱的问题,满足高可靠、无人系统等领域智能化升级的要求,MEMS陀螺仪的增量市场得以进一步拓展。

当前,高性能MEMS惯性传感器技术壁垒高,大部分市场仍由霍尼韦尔、ADI、诺斯洛普-格鲁曼等国外企业占据,且市场集中度较高。国内的姿态传感器在精度、稳定性和抗干扰能力方面与国外存在一定差距,特别是在高端应用场景中的表现还有待提升。目前芯动联科、苏州固锝的MEMS惯性产品的测量精度可满足人形机器人需求，华依科技、星网宇达等主要布局模块/系统集成的IMU惯导系统环节。表3-6所示为国内部分姿态传感器企业。

表3-6 国内部分姿态传感器企业

企业	简介
芯动联科	在MEMS惯性传感器芯片设计以及MEMS工艺方案开发、封装与测试标定等环节拥有核心技术，其MEMS惯性传感器核心性能指标达到国际先进水平
GOOD-ARK	子公司明皜传感是国内MEMS传感器技术的创新者和开拓者，主要产品有加速度传感器、陀螺仪、压力传感器和磁传感器
华依科技 W-Ibeda	公司自2022年具备IMU量产能力，其惯导系统IMU产品参数满足机器人等下游领域的应用
星网宇达 StarNeto	国内少数具备惯性器件及惯导系统制造能力的民营企业之一，技术水平居行业领先地位

7. 编码器

编码器是伺服系统实现闭环控制的关键，编码器作为闭环反馈信号的提供者，在电机运行过程中，将位置信号反馈至驱动器，驱动器依照反馈信号保证电机稳定和良好地输出。

按应用场景分类，编码器分为线性编码器和旋转编码器，线性编码器通过直线光栅尺测量并确定滑块的位置（光栅为测量基准，刻在玻璃或钢材基体上），应用于CNC铣床、车床和磨床等高精度设备。旋转编码器根据轴的旋转运动反馈物体的角位置或运动状态，应用于工业自动化、工程机械和机器人等领域。

按使用条件分类，编码器分为绝对式编码器和增量式编码器。

按技术类型分类，编码器可分为光学编码器、磁编码器、电容编码器、电感编码器等。其中光学编码器的优势为分辨率、准确度较高,但是码盘在灰尘、油污环境中易受污,影响可靠性和精度。磁编码器的精度和分辨率逊色于光学编码器,其优势在于感应原理为非接触式(通过测量磁场的变化感应),不易受到恶劣环境的影响,更耐用、更耐冲击。区别于光学编码器和磁编码器,电容编码器通过测量电机间的电场变化来实现信息反馈,具有可编程的特点,同时,电路板元件的体积比码盘更小,易于实现封装尺寸小型化。电容编码器的不足在于精准度相对低,对制造工艺要求比较高,价格相对昂贵。电感编码器精度、分辨率均较高,且耐灰尘、油污,但其对磁铁的距离和方向非常敏感,稍有偏离则容易造成测量误差。

  人形机器人对于编码器的应用要求包括高分辨率、小型化、高稳定性及高度集成化等。其中光学编码器在小型化、高稳定性的要求下,难以通过简单地增加码盘尺寸或增加码道的方式达到更高的分辨率和精度,需要探寻新的工艺方案,例如利用MEMS工艺让LED(发光二极管)和PD(功率输出)芯片结合、对电路结构进行特殊降噪设计、调整芯片晶体结构等。磁编码器受限于精度,技术方向有望转向AMR/TMR(各向异性磁阻/隧道磁阻)类磁阻编码器。此外,编码器芯片的迭代是关键,解码芯片需要向更高频率升级,通过集成动态角度误差补偿等算法,提高抗干扰性。人形机器人关节集成串联了电机和减速器,电机的旋转与另一侧的减速器旋转可能存在差异,双编码器可以同时提供电机输入端和减速之后的输出端的位置信息,以弥补传动装置的不准确性。

目前国内编码器市场仍以外资为主，磁编码器国外代表厂商有堡盟、雷尼绍、英飞凌、NXP等。国内编码器龙头为禹衡光学，以光学编码器生产为主，目前发力于磁编码器，暂未在人形机器人方面布局。人形机器人用的磁编码器方面，昊志机电、禾川科技、三花智控等公司已有相关布局。表3-7所示为国内部分编码器企业。

表3-7 国内部分编码器企业

企业	简介
INOVANCE	具备关键光电编码器自主生产能力，子公司汇通光电产品涵盖旋转/直线/增量/绝对式光电、磁编码器
HCFa	禾川的磁编码器分辨率达到17位，精度达到30角秒，覆盖了大多数工业自动化控制场景。光编码器分辨率也达到了25位
HAOZHI	通过自主研发攻克了智能机器人高精度编码器、控制系统等一系列核心部件技术，打破了智能机器人核心部件依赖进口的局面，实现了核心部件国产化
MOONS' moving in better ways	拥有超过10个系列的编码器产品，全新的MH13/MH22系列增量式高性能编码器专为无齿槽电机设计，性能卓越，结构紧凑
VEICHI	自制光电、磁编码器均进入小批量验证阶段，同时公司在机器人领域布局的伺服一体轮和轴关节均采用自制编码器

3.2.2 控制模块

机器人控制模块按照控制方式可分为集中控制、主从控制和分布式控制等，传统工业机器人一般有3~6个自由度，采用集中控制或主从控制即可实现各个轴之间的耦合关系处理。人形机器人通常有数十个关节自由度，采用分布式控制有利于系统功能的并行执行，可缩短响应时间，即每个关节配置一个控制器，胸腔配置总控制器。当前，人形机器人控制系统的壁垒主要在于通信、算力和软件。其中众多伺服关节需要解决高速同步通信的难题，对走线要求高。计算复杂度随着自由度的增加而显著增加，算法也需要适应不同工作环境，对控制器的算力要求高，而控制系统需提供实时运行框架，以满足不同运行周期的算法App实时计算的要求。图3-7所示为人形机器人控制模块的构成。

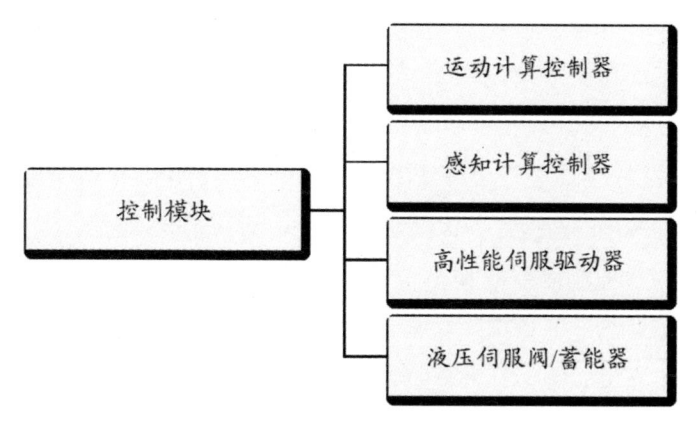

```
                    ┌─── 运动计算控制器
                    │
                    ├─── 感知计算控制器
     控制模块 ───────┤
                    ├─── 高性能伺服驱动器
                    │
                    └─── 液压伺服阀/蓄能器
```

图3-7 人形机器人控制模块的构成

国外人形机器人样机，如Boston Dynamics的Atlas，在硬件层面，本体搭载了3台NUC（下一代电脑主机）/工控机负责整体控制系统的运算，在软件层面，线轨迹库+在线精细控制的MPC控制器是Atlas的控制核心。配备的模型预测控制器使用机器人动力学模型来预测机器人未来的动作，会调整其发力、姿势、动作发生时机等细节来优化并产生最佳动作。Tesla Optimus采用基于FSD的端到端神经网络控制方法，通过直接处理视觉输入来控制自身动作，其搭载与Tesla汽车相同的Dojo D1超级计算芯片，基于全身各部位传感器信号进行决策和反馈控制。

在国内，小米自研全身控制算法来协调21个关节自由度。智元远征A2偏向于硬件底层的电机控制等工作都在本地甚至模块中完成，运动控制算法经过几个月迭代，发展到最近使用的非线性的NMPC（Nonlinear Model Predictive Control，非线性模型预测控制），目前正在开发基于各种"学习"（比如强化学习）的方法。宇树H1则借鉴了四足机器人的控制算法，使用全身力控（WBC）和模型预测控制（MPC），使人形机器人可以适应在复杂地形和环境中的运动。优必选采用多主控板卡架构，所有算法App能够在不同主控板卡上进行分布式计算。采用EtherCAT实时高速以太网，整个控制系统可以支持不少于50个节点，同时具备拓扑关系的适应性，保证众多伺服关节高速同步通信。

一般控制器需要根据机器人的任务场景与需求具体设计开发，需要满足低功耗、高算力、高集成度等要求，目前人形机器人场景尚未明确，且各家对于算力的需求存在差异，因此控制器以自研为主，尚未出现批量供应相关控制器的公司。工业机器人控制器作为工业及消费领域自动化设备的核心，和人形机器人控制器的原理是相通的，我国的工业机器人控制器行业起步较晚，欧美日厂商ABB、发那科等在国际市场上仍占据主导地位。表3-8所示为国内部分工业机器人控制器企业。

表3-8 国内部分工业机器人控制器企业

企业	简介
TOPBAND 拓邦	国内智能控制器龙头，控制器产品在电动工具、家电、智能家居工控领域占据重要份额
Maxonic 万讯	掌握数控系统技术的机器人控制器供应商，联营子公司视科普基于3D视觉+AI+机器人运动规划，推出替代专业技术工人的智能机器人解决方案及工作站，已与多家车企合作

续表

企业	简介
invt 英威腾	公司机器人控制系统采用机器人运动学控制算法，开放式结构，功能扩展方便，目前主要应用于四轴、六轴工业机器人领域
雷赛智能 Leadshine	全球知名步进电机驱动器和伺服电机驱动器生产厂家，年销售数量超百万台，位列全球模块式驱动器之首，包括步进电机驱动器、伺服驱动器、运动控制器等
ESTUN Automation	中国交流伺服及运动控制领域的拓路者，产品系列全面覆盖信息层、控制层、驱动层、执行层，产品包括高精度多轴运动控制器、50W~200kW交流伺服系统、变频器、PLC（可编程逻辑控制器）等
TS 泰科伺服 TECHSERVO	打造的系列产品线包括高低压直流/交流伺服驱动器、伺服电机、中空旋转平台、机器人关节、编码器等

3.2.3　驱动模块

驱动模块是使机器人发出动作的机构，是机器人的关键部件，按照动力来源可分为液压驱动、气体驱动和电机驱动三种方式，其中液压驱动和电机驱动较为常见。电机驱动是应用最广泛的方式，具有高精度、实时响应等优势，更适合如今的机器人发展趋势。图3-8所示为人形机器人驱动模块的构成。

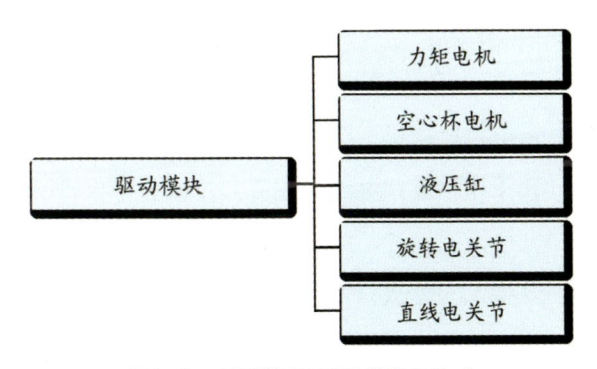

图3-8　人形机器人驱动模块的构成

驱动模块
- 力矩电机
- 空心杯电机
- 液压缸
- 旋转电关节
- 直线电关节

Boston Dynamics在其Atlas机器人中使用液压驱动方式，其驱动强劲，爆发力强，适用于弹跳、负重等活动，因此适用于注重运动能力的Atlas。其余的大部分机器人公司采用电机驱动，如Tesla Optimus更注重智能化，采用高扭矩密度电机伺服技术。电机驱动在动作的精准控制方面比其他驱动方式更胜一筹，配合处理器、编码器可获得实时运动状态反馈，更适合如今注重智能化、多功能的机器人的发展趋势。

1. 力矩电机

力矩电机是一种具有软机械特性和宽调速范围的特种电机，有低转速、大扭矩、过载能力强、响应快、线性度好、力矩波动小等特点。力矩电机的轴不是以恒功率输出动力而是以恒力矩输出动力，可直接驱动负载，省去减速传动齿轮，从而提高了系统的运行精度。力矩电机分为有框力矩电机和无框力矩电机，机器人关节狭小的空间内集成了电机、减速器、抱闸机构、编码器、驱动器，所以要求电机具有定制的尺寸、紧凑的体积和强大的供能，而无框力矩电机可以满足这类要求。无框力矩电机没有外壳，可以提供更大的设备空间，是中空型，便于走线，在设计中，可以使整个机器体积更小，力矩电机可以提供更高的功率密度，同尺寸电机可以提供更大的扭矩。

无框力矩电机只提供两个单独的组件，即定子和转子，不包括输出轴、轴承和端盖，可以通过支撑负载和电机本身的同一个轴承与负载进行直接耦合，这种结构消除了轴、轴承、端盖、联轴器，减小了电机的体积和重量，降低了复杂度，而且也使得伺服刚性和快速响应进一步改善。无框电机可以添加构成整个电机所需要的霍尔传感器及额外的位置反馈装置,譬如编码器或者旋转变压器等单独的组件。无框力矩电机的结构特点使其能够直接嵌入机构中,中空设计便于布线,实现高度集成化,从而缩小终端产品体积。此外,无框力矩电机具有高扭矩、性能稳定和高精度等优点。

无框力矩电机在人形机器人中具有广泛的应用潜力。它可以用于模仿关节的活动,也可用于模拟肌肉的拉伸。Tesla Optimus就在14个线性执行器和14个旋转执行器中使用了无框力矩电机,以实现精准控制并节省空间。无框力矩电机需要一体化设计并集成到机器内部,需要根据具体的机械设计尺寸来确定外形尺寸和扭矩、转速参数,因此无框力矩电机在磁路和工艺设计方面有一定的技术壁垒。

全球无框电机主要生产企业包括Maxon、MOOG、Sensata、Kollmorgen、Novanta等。Kollmorgen是全球最早研发出无框电机的企业,具备高端产品核心生产技术,KBM系列无框电机为公司明星产品。与国外发达国家相比,我国无框电机行业起步较晚,产品质量较低,高端需求高度依赖进口。当前我国无框电机产品已实现与国际接轨的产品尺寸,并具有明显的成本优势,伴随本土企业自主研发实力的提升,我国无框电机行业景气度将进一步提升。表3-9所示为国内部分力矩电机企业。

表3-9 国内部分力矩电机企业

企业	简介
Kinco步科	拥有完整自主知识产权产品线,涵盖人机交互、控制、驱动和执行等。开发了多个系列的移动机器人低压伺服系统、协作机器人无框力矩电机、高性能运动控制器等

续表

企业	简介
昊志 HAOZHI	开发的无框力矩电机的力矩控制、过载能力等性能优秀，显著提升了机器人力矩控制和负载水平
雷赛智能 Leadshine	新发布的FM1无框力矩电机和微型驱动器主要针对人形机器人和协作机器人的关节部分，正进入试产试销阶段
HCFa	专注研发人形机器人空心杯电机和无框力矩电机等

2. 空心杯电机

空心杯电机的主要组成部分包括空心杯绕组、转子组件、传感器组件、法兰、轴承、磁轭等，以永磁体作为转子，绕组作为定子，三相定子绕组采用绕线杯结构，电枢绕组以自支撑的形式分布在气隙中，绕线杯式绕组是消除齿槽转矩的关键部件，定子组件由三相对称分布的绕组、磁轭、引出线焊接板等组成，转子组件主要由轴承、永磁体和转子护套组成。

空心杯电机的优势为高功率密度、高节能性、高散热性、高过载、低噪声、快速响应等。空心杯电机在结构上突破了传统电机的转子结构形式，采用的是无铁芯转子，也叫杯型转子。这种新颖的转子结构彻底消除了由于铁芯形成涡流而造成的电能损耗，同时其重量和转动惯量大幅降低，从而减少了转子自身的机械能损耗。转子的结构变化使电动机的运转特性得到了极大改善，不但具有突出的节能特点，更为重要的是其具备了铁芯电动机所无法达到的控制和拖动特性。

空心杯电机分为有刷和无刷两种，有刷空心杯电机转子无铁芯，无刷空心杯电机定子无铁芯。空心杯直流有刷微电机采用机械换向,磁极不动,线圈旋转。电机工作时,线圈和换向器旋转,磁钢和碳刷不旋转,线圈电流方向的交替变化是由随电机转动的换向器和电刷来完成的。在转动的过程中会摩擦碳刷,造成损耗,需要定期更换碳刷。碳刷与线圈接线头之间通断交替,会发生电火花,产生电磁波,干扰电子设备。无刷空心杯直流电机采取电子换向,线圈不动,磁极旋转。无刷空心杯直流电机使用一套电子设备,通过霍尔元件感知永磁体磁极的位置,根据这种感知,使用电子线路,适时切换线圈中电流的方向,保证产生正确方向的磁力,以此驱动电机。自控式运行不像在变频调速下重载启动的同步电机一样在转子上另加启动绕组,也不会在负载突变时产生振荡和失步,消除了空心杯直流有刷微电机的缺点。

空心杯电机因其结构紧凑、高转速、快速响应的特性,适合用于人形机器人的灵巧手等需要精细控制的部位,核心技术壁垒在于定子/转子的自支撑绕组技术。国外厂商Maxon、Faulhaber、Portescap等具备先发优势及技术沉淀,形成了一定程度的垄断地位。国内空心杯电机厂商的有刷空心杯产品的转速、转矩等技术参数基本已经能够达到绝大部分国外厂商的水平,但对于在机器人灵巧手上应用更广的无刷空心杯电机,国内产品在尺寸、转速、转矩等关键参数上和国外产品尚有一定差距,产品整体的成熟度仍存在追赶空间。表3-10所示为国内部分空心杯电机企业。

表3-10 国内部分空心杯电机企业

企业	简介
MOONS'	公司的空心杯电机技术处于全球前列水平。空心杯无齿槽电机基于公司在控制电机领域的技术储备和产品开发平台打造

续表

企业	简介
DINGS' Precision Motion Specialist	自研高速无槽无刷电机制造一体化技术，实现了空心杯电机全自动量产，并能针对客户的不同需求提供定制化产品和组件
VEICHI	专注于空心杯电机研发和生产，其产品以高转速、高扭矩、低振动噪声等优势受到市场的认可
雷赛智能 Leadshine	生产的无刷空心杯电机采用马鞍型全自动绕线技术一次成型，对标全球最优空心杯电机技术水平，转矩特性好、功率密度高、转速范围大、使用寿命长、产品规格全

3. 液压缸

液压缸作为液压执行元件，具有将液压能转化为机械能的能力，通过缸筒内的液体压力驱动活塞实现直线往复运动或摆动。由于液压缸结构相对简单、工作可靠，能提供稳定且强大的输出力，因此广泛应用于各种机械设备中。在人形机器人应用方面，液压缸的优势在于其高承载力、良好的抗冲击性能，以及直接转换液压动力为机械直线运动的能力。

在人形机器人应用中，特别是在需要大力矩输出或者实现动态平衡的关节部分，液压缸可以通过液体的压差控制活塞的运动，从而产生平稳且强有力的机械动作。液压缸可以被用于机器人的膝关节、髋关节和肩关节等部位，通过液压缸提供的推力，机器人可以完成诸如行走、下蹲、爬楼梯，甚至搬运重物等动作。这种液压驱动方式能够实现高承载能力，适合需要大力矩输出的工作。

液压缸的工作原理决定了其在直线运动和承载能力上的天然优势。当液压动力源输出高压油驱动液压缸时，通过调节油液的流量和压力，可以控制活塞的速度和位移。这种设计使得人形机器人能够在特定动作中保持相对精确的姿态控制和动作稳定性，而不需要复杂的减速装置和机械传动系统。相对于电机驱动，液压驱动提供了无传动间隙的直接驱动方式，这意味着液压缸驱动的机器人运动更加顺滑且避免了机械间隙带来的精度损失和振动，尤其在大负载下更能保持运动平稳。

然而，液压缸在使用过程中也存在一些局限性。液压缸虽然承载力高，但响应速度较慢，液体的受压性能和液压回路中的管道长度等因素可能导致信号延迟。此外，液压缸的定位精度通常不如电驱动方式，在进行精细化动作时可能存在一定的难度。因此，为了在机器人应用中弥补液压缸的这些不足，通常会结合传感器反馈系统和先进的控制算法，通过实时调整液压油的流量和压力来实现对运动的精确控制，进一步提升液压缸的响应速度和定位精度。

全球液压行业的高端市场长期被欧美和日本的企业所垄断，例如德国的博世力士乐、美国的派克汉尼汾、丹麦的丹佛斯、日本的川崎重工和KYB等，这些企业在液压缸的制造工艺和技术水平上具有领先优势。特别是在高精度、低摩擦、耐高压等方面，它们拥有成熟的技术积累和丰富的行业经验。相比之下，国内的液压行业起步较晚，但在近些年也取得了长足的进展，特别是国内龙头企业。恒立液压的产品已经逐渐具备了一定的竞争力，并在营收规模上逐步赶超国外企业，标志着国内液压技术的不断提升。表3-11所示为国内部分液压企业。

表3-11 国内部分液压企业

企业	简介
Hengli	恒立液压是集液压元件、精密铸件、液压系统等产业于一体的大型综合性企业
艾迪精密 EDDIE PRECISION	国内工程机械液压行业的领军企业，主要产品包括高压液压阀、高压液压泵、高压液压缸等

4. 电关节

人形机器人的关节设计需权衡平衡性、动态运动控制、大负载等多方面因素，主要包括旋转驱动器和直线驱动器。旋转驱动器主要应用于高扭矩关节处，腕部、肩部、腰部、髋部关节转动幅度较大，并对关节方案提出了较高的扭矩要求，旋转执行器通过"电机+减速器"方案能够同时满足转动幅度、扭矩两方面的要求，同时结合力矩传感器实现对末端的运动控制。直线驱动器用于旋转角度不大、大负载的场景，多用于四肢。直线驱动器多采取"电机+丝杠"方案，将旋转运动变为关节末端的直线运动，能够起到较好的支撑和承重效果，满足应用场景的负载要求。在双腿和双臂位置，直线驱动器通过电机与关节分离的方式，将双腿质心向上移动、双臂质心向内移动，这一方面能提高整机质心，另一方面能减轻四肢的运动惯性，从而提升整机的稳定性和运控表现。

以Optimus为例：①旋转执行器，在腕部、肩部、腰部、髋部4个位置，共计有14个旋转自由度。②线性执行器，在腕部、肘部、踝部、髋部、膝部5个位置，共计有14个线性自由度。

人形机器人旋转驱动器在实际应用中需要解决大扭矩问题，

搭载减速器是必选项。在齿轮传动中，啮合处的齿面作用力大小相等、方向相反，通过改变齿轮的半径可以改变输出扭矩。人形机器人要求关节体积小，且在实际应用中面临大扭矩场景，单纯依靠电机难以实现。通常来看，减速器能够显著提升扭矩输出值，适配相应高扭矩密度的应用场景。目前提升扭矩密度主要通过两种方式：提升电机输出扭矩密度和提高减速器减速比。

驱动器方案包括刚性、弹性和准直驱方案。其中刚性驱动器方案搭载高减速比减速器（例如谐波、RV减速器），优势是关节体积小、输出扭矩密度高，劣势是透明度低，需搭载力/力矩传感器。弹性驱动器方案通过串联或并联弹性体提升关节的柔顺性。准直驱驱动器方案搭载低减速比减速器（例如行星减速器），优势是透明度高，可采用电流环控制，柔顺性表现好，劣势是扭矩密度低。刚性驱动器方案的技术发展最为成熟，在双足机器人领域中已经得到了验证。高减速比减速器则克服了电机的扭矩输出限制，实现了关节末端的高密度扭矩输出。常规电机和谐波减速器的体积较小，有助于实现人形机器人关节的小体积化。在加装力传感器后，能够实现高精度力控场景。准直驱驱动器方案能够满足高频动态响应和降低成本的需求，在MIT的四足机器人中已有应用。

Tesla Optimus采取技术较为成熟的刚性驱动器方案，使用以谐波减速器为代表的高减速比减速器，有助于保障Optimus关节更拟人化，同时相较于高动态响应，工业场景对于末端负载的要求更高，现已成熟的刚性方案更有助于人形机器人在工业场景中的落地。在Tesla Optimus关节处逐步添加离合器等弹性元件，有助于提升关节整体的安全性，使人形机器人的动作更加柔顺。与Tesla不同，国内主机厂大多采用准直驱驱动方案。与刚性驱动方案相比，准直驱关节采用电流环控制，关节末端不使用力矩传感器，成本更低，动态响应能力更强。表3-12所示为国内部分电关节企业。当前，人形机器人整机厂商多自研甚至自产关节执行器，且关节各零部件集成化、驱控一体化趋势明显，大部分仅使用旋转执行器，小部分采用旋转+直线执行器模式。

表3-12 国内部分电关节企业

企业	简介
TUOPU拓普	机器人产品包括旋转执行器和直线执行器，核心优势有：永磁伺服电机、无框电机等自研能力，电机、减速机构、控制器整合经验，精密加工、研发资源及测试资源协同能力等
SANHUA	基于电机技术的多年积累，积极整合上下游伺服电机、传动组件、编码器等，重点布局机电执行器业务，并和绿的谐波建立合作关系，扩展减速器业务
ZD中大力德	国内唯一同时生产精密减速器、伺服驱动、永磁直流电机和交流减速电机的机械传动核心部件制造商，2021年布局智能执行单元，推出了"减速器+电机+驱动"的一体化产品结构

3.2.4 传动模块

人形机器人传动模块是实现关节运动、力量传递和精确位置控制的重要组成部分，它将驱动模块所产生的能量有效传递到机器人各个关节部位，从而实现机器人肢体的精确动作和姿态控制。传动模块的核心任务是将电机、液压或其他驱动方式的高速旋转转换为符合机器人运动需求的低速高扭矩输出，同时提高系统的稳定性和精度。

如图3-9所示，人形机器人常用的传动元件包括行星减速器、谐波减速器、RV减速器和丝杠等。

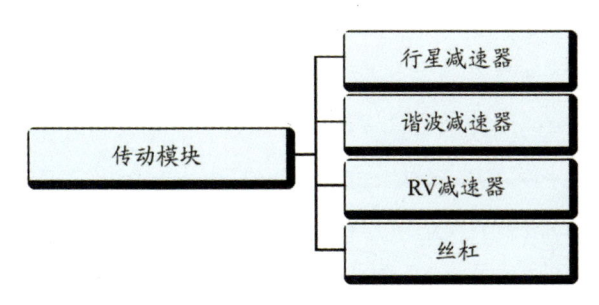

图3-9 人形机器人传动模块构成

1. 行星减速器

行星减速器是一种将电机输出的高速旋转转换为低速大扭矩输出的关键传动装置，其核心部件由太阳轮（也称中心轮）、行星轮及内齿圈三部分构成。行星减速器之所以被称为"行星"，是因为行星轮围绕着中心轮进行类似行星围绕太阳的运动，同时通过内齿圈进行啮合传动。整个结构紧凑而且传动效率高。动力来自连接的电机，电机通过输入轴将旋转运动传递给太阳轮，进而带动行星轮的旋转。行星轮在内齿圈中转动，同时围绕太阳轮旋转，这种复合运动使得行星架发生转动，而行星架则与输出轴通过螺栓紧密连接，将动力传递给输出轴，从而输出经过减速增扭后的运动。行星减速器的特殊结构设计使得它能够在较小的体积内实现较高的减速比，并提供较大的输出扭矩。

行星减速器在机器人领域中的应用广泛，尤其适合对于动作精度要求较低，但对承载能力要求较高的部位，例如身体的大型旋转关节或主要支撑关节等。行星减速器通过降低电机的转速来实现扭矩的放大，从而使得机器人能够承载更大的重量并进行平稳的运动。行星减速器通常被安装在伺服电机上，配合电机实现机器人的精确定位和运动控制。

行星减速器的优势体现在多个方面。首先是其传动效率极高，单级传动的效率可达到97%～98%，这意味着在整个动力传输过程中，只有极少的能量损失，系统效率实现了最大化。此外，行星减速器的结构相对简单，制造成本较谐波减速器和RV减速器低，因而具有一定的经济性。由于多个行星轮同时参与传动和分担载荷，行星减速器具有极高的承载能力，并且其对称结构也使得惯力能够得到良好的平衡，减少了运转时的振动和噪声。因此，行星减速器在保持高精度和稳定性方面表现尤为出色，尤其是在面临较大负载和复杂工况时，其抗冲击和抗振动性能使得整个传动过程更加可靠和平稳。

然而，单级行星减速器的传动比较低，通常难以达到一些特定应用所需的高减速比，因此在需要更高减速比的情况下，往往需要通过多级减速实现，这会增加整个减速器的长度和重量，限制了其在某些精密部件中的使用。此外，多级减速也可能影响系统的刚性和稳定性，增加系统的复杂度。因此，尽管行星减速器适用于一般需要减速增扭的场合，但在对高精度和轻量化要求特别严格的场合，可选择其他减速器，如谐波减速器或者RV减速器。

在全球市场中，行星减速器的竞争相对分散，存在一些主要的国际知名企业，如新宝、纽卡特、威腾斯坦等，它们在技术积累和市场占有方面具有显著的优势,这些企业提供的产品在传动效率、精度和稳定性等方面都达到了较高水准。与此同时,国内的行星减速器市场近年来也发展迅速,出现了较多有竞争力的本土企业。其中,科峰智能的产品在性能方面已经逐渐达到国际领先水平,表明国内企业在精密传动领域取得了显著的技术突破。表3-13所示为国内部分行星减速器企业。

表3-13　国内部分行星减速器企业

企业	简介
KOFON	公司的行星减速器在国内享有较高声誉,在精密行星减速器、工程行星减速器和谐波减速器等中高端减速器方面均有产能部署
NEWSTART	公司的行星减速器具有低背隙、高效率、高输入转速、高输入扭矩、运转平顺、低噪声等特性
ZD中大力德	国内机械传动与控制应用领域关键零部件厂商,业内少有的同时具备三种精密减速器量产能力的制造商

2. 谐波减速器

谐波减速器由波发生器、柔轮和刚轮三大零部件组成。谐波减速器由于体积小、重量轻、结构简单紧凑、传动精度高,更适合应用于3C、半导体、医疗器械等行业的工业机器人,主要适用于机器人小臂、腕部、手部等部位。谐波减速器通过柔轮变形产生的周期性波动来实现刚轮轮齿与柔轮轮齿之间的少齿差内啮合,从而完成运动与动力的传递。当波发生器装入柔轮内圆时,迫使柔轮产生弹性变形而呈椭圆状,使其长轴处柔轮齿轮插入刚轮的轮齿槽内,成为完全啮合状态,而短轴处两轮轮齿完全不接触，处于脱开状态，当波发生器连续转动时，迫使柔轮不断产生变形并产生错齿运动，从而实现波发生器与柔轮的运动传递。

谐波减速器优势在于传动精度高、减速比高、体积小、重量轻及无背隙设计。多齿在两个180°对称位置同时啮合，因此齿轮齿距误差和累积齿距误差对旋转精度的影响较为平均，可得到极高的位置精度和旋转精度。单级谐波齿轮传动的减速比可达30∶1～500∶1，且结构简单，用3个基本零部件就可以实现高减速比。谐波减速器结构简单零件少，在输出力矩相同的情况下，与行星减速器相比，体积可减小2/3，重量可减轻1/2。谐波减速器的柔轮和刚轮啮合间隙可通过微量改变谐波发生器的外径，而做到无侧隙啮合。但谐波减速器柔轮易发生疲劳破坏，刚性差，承载能力有限。柔轮不断发生变形来传递扭矩时，易引起材料疲劳损坏，随着使用时间增长，运动精度也可能会显著降低，影响扭矩和冲击载荷的能力。成本比行星减速器高，但低于RV减速器。散热条件差，由于其传动精度高且结构紧凑，柔轮与钢轮的摩擦会产生额外热量，从而影响谐波减速器的稳定性和寿命。

全球谐波减速器市场龙头为日本厂商哈默纳科，国内外技术差距逐渐接近，绿的谐波等产品性能已与哈默纳科相差无几，但通过对比可用于人形机器人领域的同规格产品参数可以发现，国外产品在转矩、背隙、滞后损失等方面仍略优于国内。但从价格来看，国内产品价格明显低于国外产品，性价比较高。表3-14所示为国内部分谐波减速器企业。

表3-14　国内部分谐波减速器企业

企业	简介
绿的谐波 leaderdrive	国内谐波减速器领军企业。自主研发利用三次谐波技术的减速器，采用全新结构和齿形设计，利用三次谐波技术，在扭转刚度、单向传动精度上显著提升，产品关键性能国际领先
来福谐波	在谐波减速器板块，来福谐波已实现实现四大系列8~40型号全系列覆盖，具有全流程产品生产加工实力，可支持轴承及结构各种非标产品的开发与生产
tc drive 同川精密	公司旗下"同川精密 tc drive"以谐波减速器、机器人关节、机电一体化执行器等核心部件产品为主导
福德机器人 FDROBOT	深耕机器人核心零部件的研发与设计，成功研制谐波减速器、无框力矩电机、驱动器、编码器、机器人控制器，以及机器视觉等核心产品和技术，主要产品包括谐波减速器和机器人

3. RV减速器

RV减速器即旋转矢量（Rotary Vector）减速器，最早由日本发明，用于实现高扭矩输出和高精度的旋转运动。RV减速器由第一级渐开线行星传动装置和第二级摆线行星传动装置组合而成，承载力高、刚度高，但成本高、体积大，适用于大负载场景，其常被应用于多关节机器人机座、大臂、肩部等大负载的位置。

一级减速装置（行星齿轮结构）：输入齿轮（太阳轮）与电机同步旋转，带动2~3个行星轮。行星轮由于齿数较多且较大，其转动慢于输入轴，实现第一级减速。一级减速比=行星齿轮数/太阳齿轮数。二级减速装置（RV齿轮传动）：曲柄轴上的偏心部分与滚针轴承相连接，通过滚针轴承装入第一个RV齿轮，RV齿轮（摆线轮）在凸轮的带动下随曲柄轴做圆周摆动。滚针轴承上同时有第二个RV齿轮，前后两者的相位差须为180°，用于抵消径向跳动，进而实现RV齿轮之间的交错圆周摆动。外壳内侧有与RV齿轮齿距相等的针齿，其齿数比RV轮齿数多一个。曲柄轴旋转一圈，RV齿轮在针齿的作用下做一圈偏心运动，实现第二级减速。

RV减速器的优势在于高扭矩输出、平稳性好、承载力高、减速比范围较大，传动效率高等。RV减速器精密的齿轮结构设计及较大的体积，使其能够在高扭矩应用中表现出色。RV减速器低速级摆线轮结构为180°对称分布，使得摆线轮的结构受力均匀、啮合次数增加，提高了减速器传动的平稳性和减速器的承载能力。RV减速器采用两级传动结构，故其传动比的范围较其他结构的减速器更大，传动效率更高。根据测算，RV减速器的传动比可在31∶1～171∶1范围内浮动，同时传动效率可达85%～92%。但RV减速器体积较大、成本较高。为了实现较大的扭矩传递能力，RV减速器齿轮的齿数较多且其附加的轴承、润滑系统和密封件等附属部件较多，这些导致RV减速器体积较大。RV减速器的制造过程相对复杂，需要高精度的加工工艺和特殊的制造设备。这使得生产和装配过程更加复杂和耗时，增加了制造成本。

全球RV减速器市场龙头为日本厂商纳博特斯克，国内厂商处于第二梯队。目前国内RV减速器厂商如中大力德在减速比、传动精度方面已达到或接近国际先进水平。表3-15所示为国内部分RV减速器企业。

表3-15　国内部分RV减速器企业

企业	简介
双环传动	对工业机器人关节（RV减速器）完成创新研发并向产业化转型，成为国产机器人市场领军品牌
中大力德	国内机械传动与控制应用领域关键零部件厂商，业内少有的同时具备三种精密减速器量产能力的制造商
南通振康	在科技部"863计划"及工业和信息化部数字化车间改造项目支持下，掌握国内领先的RV减速器生产工艺，其具有高寿命、高负载、高效率、高刚度、高精度等特点

4. 丝杠

丝杠按其摩擦特性主要分为滑动丝杠和滚动丝杠。其中滚动丝杠因启动阻力小、低速运动平稳性好、传动效率高、耐磨性好、寿命长、定位精度高、微量位移准确、精度保持性好等特点，应用最为广泛。滚动丝杠分为滚珠丝杠和行星滚柱丝杠，滚珠丝杠具有摩擦力小、传动效率高、精度高等特点，行星滚柱丝杠具有承载力高、耐冲击、体积小、速度高、噪声低、寿命长等特点。行星滚柱丝杠较滚珠丝杠的优势主要在于抗冲击力、承载力和寿命。

滚珠丝杠是工业精密机械中常用的传动元件，其主要结构包括丝杠、螺母、滚珠三部分。常见的滚珠丝杠包括自润式滚珠丝杠、静音式滚珠丝杠、高速化滚珠丝杠及重负荷滚珠丝杠等。从循环方式看，滚珠丝杠包括内循环和外循环两种，其中内循环是指滚珠在循环过程中始终与丝杠保持接触，外循环是指滚珠在循环过程中有时与丝杠脱离接触。

行星滚柱丝杠主要分为标准式行星滚柱丝杠、反向式行星滚柱丝杠、循环式行星滚柱丝杠、差动式行星滚柱丝杠。标准式主要应用于大负载、高速及高加速度领域，比如精密机床、机器人、军工装备等。反向式主要用于中小负载、小行程和高速领域。循环式主要应用于高刚度、高承载、高精度的场合，比如医疗器械、光学精密仪器等。差动式拥有更短的导程、更高的减速比、更高的功率体积比和功率质量比，更适应高速重载的场合。

目前滚珠丝杠头部企业多在欧洲和日本，包括力士乐、NSK、THK等，高端市场国产化率低，汉江、南京工艺装备、银泰科技等在国内市场也有一定份额。

在行星滚柱丝杠产品方面，Schaeffler、Exlar、Rollvis、SKF、NTN株式会社等公司已经形成了相对成熟的产品系统，并在其精度等级、润滑维护、应用平台等方面形成了一定的理论体系，基本在行星滚柱丝杠领域形成了技术垄断。我国本土企业产品布局较为稀缺。在导程精度方面，全球行星滚柱丝杠领先企业能够实现G1~G5全覆盖，而中国缺乏能够达到这一标准的企业。在最大动载荷、最大静载荷方面，国内的行星滚柱丝杠产品显著低于国外同规格产品。表3-16所示为国内部分丝杠企业。

表3-16　国内部分丝杠企业

企业	简介
汉机	陕西汉江机床有限公司下属汉江滚珠丝杠厂，是我国的滚珠丝杠、直线导轨化科研、生产厂家
A工	中国最大的滚动功能部件产业化基地，主营产品包括直线导轨、滚珠丝杠、滚珠花键、南京工艺直线导轨、线性模组、行星丝杠等

续表

企业	简介
PMI	主要生产滚珠丝杆、精密丝杆花键、线性导轨、滚珠花键和线性模组、精密机械关键零部件
BTP	公司主要产品包括精密滚珠丝杠副、精密滚动直线导轨副、高速精密电主轴、精密机械主轴单元、X-Y精密双坐标工作台、精密主轴等

3.2.5 高端芯片

人形机器人中,高端芯片承担了机器人智能化的计算、感知、控制等多种关键任务。这些芯片通过复杂的软硬件集成,实现了人形机器人的感知、决策、控制和通信等多项功能。主要的芯片类型包括嵌入式智能计算芯片、训推一体云服务器计算芯片、电关节驱动芯片、SN网络协同总线计算芯片,以及总线芯片等,如图3-10所示。

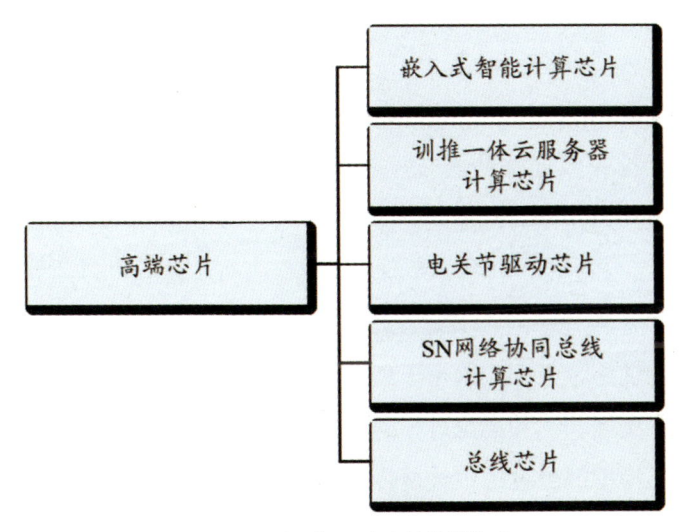

图3-10 人形机器人高端芯片构成

嵌入式智能计算芯片是边缘计算设备中的核心部件，其主要由中央处理器（CPU）、加速器[如图形处理器（GPU）和神经网络处理器（NPU）]、存储单元，以及各种输入/输出接口组成。它的核心功能在于进行边缘计算，实时处理和计算来自传感器的数据，尤其是在对人工智能推理的支持方面，通过集成的神经网络加速器来高效完成语音识别、图像处理等任务。此外，嵌入式智能计算芯片也常用作控制和管理设备的核心，负责执行嵌入式系统中的各种任务。其显著特点是低功耗设计和高集成度，能够在功率受限的环境中运行，并且通过集成多种计算和通信模块，减少对外部元件的需求。嵌入式芯片通常需要具备较强的实时性，以保证关键任务能够在要求的时间内完成。在嵌入式智能计算芯片领域，我国正逐步缩小与国际领先水平的差距。国产厂商如华为等在边缘计算芯片方面持续投入，通过自研的嵌入式处理器，在物联网、边缘AI等领域推出了有竞争力的芯片产品。此外，国内多家初创企业也在进行差异化设计，针对具体行业需求进行优化，推动着嵌入式智能计算芯片的国产化进程。

训推一体云服务器计算芯片专为人工智能模型的训练和推理而设计，是云计算系统的核心部分。它集成了多核CPU、GPU和NPU，再加上高速内存（如HBM），可以实现从模型训练到推理部署的一体化。GPU通常用于并行计算，从而加速深度学习模型的训练，而NPU则用于高效地执行推理任务。这种芯片的功能在于实现训练和推理过程的无缝融合，提供了高效的工作流，减少了模型部署过程中数据传输的延迟。训推一体芯片的特点在于其高性能和灵活性，能够适应多种人工智能框架下的应用，如

TensorFlow、PyTorch等，适用于大规模数据处理和深度学习应用。在训推一体云服务器计算芯片领域，我国也逐步取得突破。以寒武纪、华为为代表的企业已在训练和推理一体化计算芯片方面推出了一系列产品，具备国际竞争力。这些芯片支持深度学习和大规模数据处理，通过高性能的GPU、NPU和多核架构的结合，实现了从模型训练到推理部署的无缝集成。我国的AI云服务器芯片产品在国内数据中心、智慧城市等应用中得到了广泛采用，并且逐渐开始拓展国际市场。

电关节驱动芯片是现代机器人和机械臂的核心组件，集成了功率驱动模块、控制单元、传感器接口和通信模块。其主要功能在于控制电机的精确运动，包括转矩和速度的调节，通过闭环控制来保持位置、速度和电流的稳定。其能够与各种传感器进行交互，实时监控电机的状态，包括温度和负载，从而实现高精度控制，适用于机器人关节等对运动控制精度要求较高的场景。电关节驱动芯片的高集成性将功率驱动和控制功能结合在一个芯片中，减少了对外部控制器的需求，并且提供了多种保护机制，如过流和过热保护，以确保设备的安全运行。

在电关节驱动芯片领域，国内企业如新松机器人和其他自动化公司已实现了一定程度的国产化，电关节驱动芯片在精密控制、电机驱动等方面的技术能力也在持续提升，越来越多的国产机器人和自动化设备已经采用了国产芯片。当前国内在机器人精密控制方面的挑战依然存在，但通过不断的技术研发，国内芯片在性能稳定性和功耗控制方面逐渐实现优化。

SN网络协同总线计算芯片是一种专为分布式系统中的多节

点协同工作而设计的芯片。它包括网络接口模块、协同处理单元（如CPU和NPU）、存储模块和安全单元。SN网络协同总线计算芯片的主要功能是实现多个节点之间的数据交换和同步，使得各节点可以协同工作，从而完成复杂的分布式计算任务。它还负责网络管理与优化，通过管理网络中的数据流量来确保实时性和带宽的合理利用。其特点包括对分布式计算的支持，适用于工业自动化等需要多设备协同的场景，能够实现高效的数据传输和可靠的安全保护。SN网络协同总线计算芯片的国产化也取得了积极进展。SN网络协同总线芯片在工业自动化和分布式系统中起到了重要的作用，支持各节点间的高效数据交换与协同控制。

近年来，国内企业逐渐在分布式工业网络通信技术中取得突破，通过在硬件和软件层面的协同优化，开发了支持分布式计算和同步控制的芯片产品。国产SN网络协同总线芯片目前主要用于智能制造、工业物联网等场景，逐渐替代进口芯片，增强了国内工业控制领域的自主可控能力。

总线芯片则是智能系统中实现设备间高效通信的关键。它由物理层接口、协议控制器、存储模块和处理单元组成，负责不同设备之间的数据收发与通信管理。总线芯片的主要功能是支持多种通信协议（如CAN、I2C、SPI等），并在总线上实现数据的转发和缓存，从而提升通信效率。它的特点在于兼容性强，适用于多种工业标准协议，确保在复杂应用场景中的可靠性和灵活性，同时通过内建的错误检测与纠错机制，实现了数据传输的高可靠性和低延迟。在总线芯片领域，我国总线技术发展迅速，国产总线芯片在支持各种通信协议（如CAN、RS485、I2C等）方面已经实现了自给自足,并在通信可靠性和低延迟方面达到了国际主流水平。随着我国对工业互联网和智能制造的大力投入,越来越多的国产总线芯片在各类关键行业中得到了应用,并推动了系统整体的数字化和智能化水平。

在当前全球贸易环境不稳定和高端芯片出口管制升级的背景下,人形机器人市场的爆发将为国内芯片行业带来更多的本土替代机遇。国内芯片制造商将有机会通过提升技术水平和产品质量,满足人形机器人市场的特定需求,实现本土替代和产业升级。表3-17所示为国内部分高端芯片企业。

表3-17 国内部分高端芯片企业

企业	简介
HISILICON	海思提供感知、连接、计算、显示等端到端的板级芯片和模组解决方案,覆盖PLC、8K、NB-IoT、SoC和XR等技术领域
SANECHIPS	中兴微电子自研的核心专用芯片,实现了产品的高集成度、高性能、低功耗。其珠峰芯片采用ARM9指令集,单核性能领先
T-HEAD	平头哥拥有端云一体全栈产品系列,涵盖数据中心芯片、IoT芯片等,实现了芯片端到端设计链路全覆盖
HYGON	国产x86生态中的领军企业,深耕高端处理器领域,已研发出了多款性能达到国际同类型主流产品水平的高端CPU和DCU产品

3.2.6 动力电池

机器人的电池主要有镍氢电池、铅酸蓄电池、锂电池三类。其中,镍氢电池主要用于成本控制严格,不需要大容量和大电流放电、安全性要求较高的玩具机器人、扫地机器人等领域。铅酸蓄电池较锂电池更为成熟，但由于比较笨重，移动不方便，基本用于不需要移动的机器人领域，由于污染较为严重，正在逐渐被锂电池取代。锂电池主要应用于智能服务机器人、娱乐竞技机器人、探险排爆等特种用途机器人领域。锂电池主要包括聚合物锂电池、磷酸铁锂电池，以及三元锂电池。一般，对于成本不敏感，且要求电池较轻、可提供大电流放电、保障长使用寿命的机器人一般会选择聚合物锂电池，如竞技机器人、特种机器人。磷酸铁锂电池在不需要大电流放电和低温性能的AI服务机器人、工业较大型机器人领域应用较多。三元锂电池比聚合物锂电池成本更低，且能量密度比磷酸铁锂电池更大，在机器人领域应用较为广泛，尤其是18650锂电池。

本田ASIMO采用51.8V的可充电锂电池实现1小时续航。Atlas第二版采用板载3.7kW·h的锂电池组，同样能够实现1小时续航。Pepper则使用30A·h/795W·h容量锂电池，额定电压25.46V，能够在1000次循环后保持70%以上的容量，支持机器人连续工作12小时以上。Walker X使用54.6V/10A·h的锂电池，实现综合工况下2小时续航。

全球动力电池产能主要来源于中日韩三国企业，动力电池主要供应商为宁德时代、比亚迪和LG。我国在产业规模、创新能力、产业链完备性及可持续发展领域优势明显。表3-18所示为国内部分动力电池企业。

目前动力电池技术发展的主要方向包括更高能量密度、更长循环寿命以及更高安全性。

表3-18 国内部分动力电池企业

企业	简介
CATL 宁德时代	宁德时代是全球领先的新能源创新科技公司，动力电池系统使用量连续七年全球第一，其凝聚态电池最高能量密度达500W·h/kg
BYD	比亚迪已成功研发第二代刀片电池，这款电池能量密度突破了190W·h/kg，同时，公司正积极布局全固态锂电池领域
CALB 中创新航	公司OS磷酸铁锂电池于2023年实现量产，这款电池以短刀片形态呈现，系统能量密度高达153W·h/kg
国轩高科 GOTION HIGH-TECH	主要产品为磷酸铁锂材料及电芯、三元电芯、动力电池组、电池管理系统及储能型电池组
SUNWODA 欣旺达	公司不仅在锂电池领域形成了深厚的技术积淀，工艺技术达到行业领先水平，也是3C消费类电池领域的隐形冠军，跻身全球动力电池装机量前十名

3.3 人形机器人基础组件

3.3.1 感知头

人形机器人感知头广义上指的是适用于人形机器人的"具身大脑"，它是一种集成了感知、理解、决策等多种智能化功能的硬件系统，能够为人形机器人提供类似人类的感知能力和认知能力。感知头不仅包含了硬件层面的传感器系统和计算模块，还包含了多个软硬件协同的子系统和智能算法，使得人形机器人具备对周围环境的全面感知、信息处理和反应能力，能够实现自然的人机互动。

在感知头的组成部分中，传感器系统是其基础组成之一，用于从外界环境中收集各种信息。传感器通常包括视觉、听觉、触觉等多种感知元件，以构建机器人的多模态感知能力。这些传感器系统的结合赋予了人形机器人"看、听、触"的感知能力，使得机器人能够从环境中获取丰富的信息，完成各种感知任务。在获取外部信息之后，计算与处理单元则成为整个感知头的"智力核心"，其主要功能是对传感器采集的数据进行处理、分析和理解。感知头的计算单元包括CPU、GPU和NPU，这些组件共同工作来执行智能计算任务。CPU负责进行逻辑计算和任务管理，而GPU和NPU则用于深度学习的推理计算，如视觉识别和语音理解等复杂任务。通过强大的计算能力，感知头能够对视觉数据进行物体识别、场景理解，对听觉数据进行语音分析，对触觉信息进行处理，并在此基础上得出对环境的理解。存储模块用于存储计算中产生的数据和中间结果，为后续的决策和执行提供数据支持。感知头除了感知和计算之外，还需要具备和其他机器人模块及外部设备进行交互的能力，例如Ethernet用于内部高效的数据传输，Wi-Fi和蓝牙则可以用于与外部设备交互，实现更为开放和灵活的系统架构。同时，通过执行与控制接口，计算单元将分析后的数据转化为具体的动作指令，控制机器人的关节、驱动器、显示模块等，实现"感知—理解—决策—执行"的闭环。

人形机器人感知头在构建过程中注重软硬件的深度协同，软硬件的联合优化使得感知、理解和决策的效率最大化。感知头中的计算单元和传感器系统必须高度匹配，计算模块要与特定传感器的特点相适应，以保证信息处理的实时性和准确性。然而，软硬件同步开发往往需要巨大的投入和技术积累，因此在我国具身智能的发展过程中,已经出现了软硬件解耦的趋势,部分厂商通过建立软硬合作生态来推进感知头的研发和应用。这种方式不仅降低了整体的研发成本,还能使各自的开发团队聚焦于自己的优势领域,形成合力以加速人形机器人感知头的成熟与落地。部分厂商选择开放标准接口,使得硬件和软件开发可以在独立的环境中进行,再通过模块化的接口在最终产品中实现整合。不同企业可以通过软硬件合作的方式共同开发感知头,打造出集成化的具身智能解决方案,加快具身智能在各类机器人上的应用速度。表3-19所示为国内部分感知头企业。

表3-19 国内部分感知头企业

企业	简介
UDEER·AI	专注于机器人通用"大脑"研发,推出了Master 2000通用具身大脑,能够直接对接传统设备,即插即用
DEEP Robotics	云深处Dr.01人形机器人依托Dr.01人形机器人平台进行人工智能与大数据训练,具备高度灵活的运动与操作能力、复杂环境适应能力、融合感知能力和自主学习能力
NOEMATRIX	自主研发穹彻具身大脑NoematrixBrain,以及能适配多种具身智能本体平台的AnySkill通用技能系列产品

3.3.2 灵巧手

灵巧手是人形机器人"小脑"实现灵巧操作、人机交互的重要载体,向高集成度和智能化发展。灵巧手是一种高度灵活、复杂的末端执行器,在机器人与环境交互中起关键作用。

根据驱动器布局位置,灵巧手主要分为驱动器内置式、驱动器外置式与驱动器混合置式。由于技术工艺限制,早期灵巧手通常采用外置驱动器设计,尺寸和体积较大。随着一体化关节电机的技术发展，驱动器尺寸及传动精度有了较大提升，内置驱动器成为市场上灵巧手的主流技术路线，灵巧手的体积向轻量化发展。

在驱动方式上，灵巧手分为电机驱动、气动驱动、形状记忆合金驱动三种主流形式。电机驱动是目前灵巧手的主要驱动形式，具备驱动强度高、传动精度高、响应速度快等优势，近几年小型灵巧手配备的伺服电机技术迭代迅速，市场上涌现出一批杰出的机器人灵巧手企业。而气动驱动的成本较低，但存在刚度低、动态性能差等性能缺陷，早期气动驱动起源于日本，通常可分为Y形夹指和平行夹指，缸径分为16mm、20mm、25mm、32mm和40mm几种。目前应用较为广泛的是日本SMC气动手指，主要用于工业场景。形状记忆合金驱动方式则更多地出现在实验阶段，这种驱动方式拥有驱动速度快的特点，但耐久度低，并不适合长期大负载使用。

此外，在传动方式上，灵巧手又分为腱绳传动式、齿轮驱动式与连杆驱动式。腱绳传动式灵巧手结构简单、控制灵活但控制精度不高、抓取力不足。齿轮驱动式灵巧手可以实现高控制精度，但结构复杂，成本较高。连杆驱动式灵巧手能够抓取大型的物体且结构设计紧凑，但是抓取空间较小，较难实现远距离控制。

目前已有部分灵巧手产品进入早期探索阶段，包括航天飞行器的舱外任务、仿生假肢和远程手术、拼装流水线上小尺寸零件等。国内灵巧手以连杆式结构为主流，国外以腱绳式结构为主流，一般来说连杆式结构对电机的体积要求比较小，控制精度要求比较高，力控要求稍低一些。国外一些灵巧手技术先进，但是设计难度大，零部件多，机器人灵巧手售价较为高昂。中国拥有更加完整的机器人产业链，存在较大的价格优势。表3-20所示为国内部分灵巧手企业。

表3-20 国内部分灵巧手企业

企业	简介
因时机器人 INSPIRE-ROBOTS	公司灵巧手采用直线驱动设计，具有6个自由度和12个运动关节，结合力位混合控制算法，可实现精准的抓取操作。其中，RH56DF3系列灵巧手抓握力大，速度适中，适用于机器人
PaXini	DexH5灵巧手拥有0.01N高精度力控、5kg负载能力、三段手指结构和高还原仿人手弯曲角度
AGILE ROBOTS	DexterityHand采用直流伺服电机和二级减速器驱动，具有出力大、响应快的优点，每个手指都集成了力传感器和位置传感器，指尖输出力可达10N
dorabot 蓝胖子机器智能	DoraHand采用模块化设计，可有效解决多指灵巧手成本高、不易维护的痛点，可应用于机器人灵巧操作及多种物品的复杂抓取场景
BrainCo	浙江强脑科技智能仿生手采用非侵入式脑机接口技术，有10个活动关节和6个驱动自由度，能够实现5根手指的独立运动和手指间的灵活操作

3.3.3 机械臂

人形机器人的机械臂是机器人实现灵活操作与人机交互的关键组成部分，它由多种机械和电子组件集成而成。机械臂的核心功能在于完成类似人类手臂的运动操作，具备灵活、精准、安全的操控能力，可以完成各种复杂的任务，如抓取、移动、精细操作等。

人形机器人机械臂的构成包括机械结构、电机驱动、传感器系统，以及控制单元等。机械结构是机械臂的基础框架，它由多个关节、连接杆和终端执行器（通常是手爪或其他末端工具）组成，每个关节对应一个自由度，使得机械臂能够进行类似人类手臂的多自由度运动，涵盖旋转、摆动、伸展等多种方式。现代机械臂的设计通常参考生物学中人类手臂的结构，以实现更好的运动灵活性和更大的操控范围。电机驱动系统负责为机械臂的每个关节提供动力，通常使用伺服电机或步进电机，这些电机能够精确地控制关节的旋转角度和速度，从而实现精准的运动控制。传感器系统主要包括位置传感器、力传感器、速度传感器和扭矩传感器。位置传感器（如编码器）用于测量每个关节的具体位置，确保机械臂的精确运动。力传感器和扭矩传感器用于监测机械臂在运动过程中的受力情况，使得机械臂能够感知并控制与外部环境的交互力量。控制单元则是机械臂的"大脑"，负责根据任务指令和传感器数据来调节电机的运行状态，使得机械臂能够按照预定的轨迹运动或执行复杂的操作任务。

人形机器人机械臂的特点在于其结构的高度集成性、运动的灵活性、操作的精确性和出色的安全性。高度集成的结构意味着机械臂需要在有限的空间内集成驱动器、传感器、控制器等各类组件，以实现精细复杂的运动。由于人形机器人通常具有与人类相似的外观，所以机械臂必须足够紧凑，同时保证其力量和自由度。当前，人形机器人机械臂的发展趋势主要体现在智能化、安全性和适应性上。通过引入深度学习等先进的AI算法，机械臂能够根据不同的场景自我学习最优的运动路径和操作方式，从而提高操作效率和灵活性。通过更多高精度的传感器和优化的力矩控制算法，机械臂在与人类协作时变得更加安全，能够及时感知外界环境中的人类存在并做出相应反应。为了适应更多元化的应用场景，机械臂采用模块化结构，便于根据具体需求进行功能扩展和调整。

国际上，ABB和KUKA等知名企业依托其深厚的技术积累和创新能力，长期占据行业的领导地位，但近年来，国内企业也不断通过技术创新提升机械臂的整体性能，特别是在适配人形机器人多场景应用方面取得了领先优势。尽管在力矩控制精度和系统响应速度等关键技术指标上，国内的机械臂与国际顶尖水平相比仍有一些差距，但通过不断的研发投入和对新兴应用场景的适应性创新，国内机械臂产品在操作精度、运动灵活性等方面已经逐渐缩小与国际先进水平的差距。表3-21所示为国内部分机械臂企业。

表3-21 国内部分机械臂企业

企业	简介
SIASUN 新松	公司形成了DUCO Cobot G系列、防爆系列以及S系列协作机械臂产品，额定负载3～30kg，工作半径600～200mm
遨博智能 AUBO	公司推出了iS系列、iH系列、C系列、S系列、E系列协作机器人，以及海纳系列复合机器人、码垛工作站，产品负载范围3～35kg
大象机器人 Elephant Robotics	公司自主研发的机器人产品包括仿生机器人（MarsCat，火星猫），消费级协作机器人（myCobot/myPalletizer/myAGV），专业级协作机器人（P/C/myCobot Pro及关节模组）

续表

企业	简介
越疆科技	公司开发出全球首款桌面协作机器人，是首家拥有0.5~20kg负载产品矩阵的机器人企业，拥有CRA、CR、CRS、MG400、M1Pro、Nova、Magician七大系列二十余款协作机器人
JAKA节卡	协作机器人老牌厂商，推出了人形双臂机器人JAKA K-1，搭载更灵活的7自由度多轴双臂，可内置六维力传感器，自研双臂自碰撞保护协同避障算法和双臂协同联动功能

3.3.4 电子皮肤

人类皮肤具有延展性、自愈能力、高机械韧性、触觉感知能力等，电子皮肤是模仿人类皮肤的特性及附加功能的设备，本质上是一种仿生柔性触觉传感器系统。电子皮肤通过传感单元检测外部环境，并且结合了触觉感知功能和柔性机械特性，目前主要应用于健康监测、人机交互和机器感知领域，在机器人感知外界的过程中起到至关重要的作用。

电子皮肤需要大量传感元件的宏观集成，最终传输信号给机器人"大脑"。电子皮肤一般由电极、介电材料、活性功能层、柔性基底组成。当外界施加压力时，活性功能层将应变、湿度、温度等信号转换为可检测的电信号，位于功能层两侧的电极层接收电信号并进行传输，最终信号传输到机器人"大脑"，完成一次"触觉"传递过程。

电子皮肤有望成为机器人触觉传感器的终极方案，但目前电子皮肤并未成为人形机器人的主要方案，主要难点在于材料、制造和算法。

在材料端，柔性基底和导电材料的耐用度、分辨率等影响传感器性能。基于复合材料的柔性压力传感器的功能材料一般由柔性基底和导电填料两部分构成,柔性基底、导电填料的选择都对传感器的性能有重要影响。近年来,聚二甲基硅氧烷、聚对苯二甲酸乙二醇酯等柔性高分子聚合物材料被用于制作柔性基底,碳纳米管、石墨烯等碳基导电填料兼具高导电性与低成本优点,聚苯乙烯磺酸盐等具有导电性的高分子材料也逐渐被用来做导电填料。但由于这些材料对耐用度和分辨率的指标要求较高,同时测量的一致性较难保证。材料在经过多次使用以后,测量结果产生的漂移和误差会越来越大。在实际应用中,耐用度和分辨率也是该类型触觉传感器是否能够商用的重要指标。

在制造端,阵列式布局的制造成本、拼接、串扰问题等仍有待突破。虽然在对单个传感单元的研究中,传感单元的灵敏度、分辨率、柔弹性等性能都已经取得突破,但是阵列式触觉传感器在成本、拼接、串扰等难题上的进步空间还很大。目前主要存在以下几个难点：第一,高端触觉传感器价格昂贵,且大面积部署成本很高。第二,触觉传感器在扩展以后会带来大量走线,测量环境和电路也会发生变化,这对测量结果的一致性带来挑战。第三,基底材料、触感材料的拼接,电子电路的连通都会让测量过程有更多未知干扰,进而造成测量数据失真,即使是同质传感器的融合,调节起来也并非"1+1=2"那么简单。

在算法端,传输信号涉及多种物理量,标定机制更复杂。传统传感器的信号转化路径一般遵循以下流程：传感器将信号从其他物理波形转换成电流或电压波形,然后通过数字电路对这些波形进行处理,并以电磁波的形式传输,再由另一个传感器接收和转换成需要的信号形式。阵列式触觉传感器一次测量往往会涉及三维力，甚至温度、硬度等多种物理量。对于集成式触觉传感器，单体触觉感知单元信号之间也会产生干扰。所以，触觉传感器的标定机制远复杂于其他类型传感器。

全球触觉传感器市场的主导企业包括Tekscan、Pressure Profile Systems及Sensor Products Inc.等，国外厂商凭借其先进的生产工艺、深厚的研发积淀及全球化营销网络，在市场份额上占据显著优势地位。在国内，汉威科技子公司能斯达已掌握柔性压阻、压电、温湿度和电容传感四大核心技术，产品在智能机器人领域已有明确的应用，其与小米科技、九号科技、科大讯飞、深圳科易机器人等已开展业务合作。表3-22所示为国内部分电子皮肤企业。

表3-22 国内部分电子皮肤企业

企业	简介
Hanwei	国内电子皮肤龙头企业，产品完全实现了国产化。子公司能斯达具有自主知识产权的ZNS-01柔性薄膜压力传感器具有灵敏度高、超薄、响应速度快等优良性能
PaXini	拥有前沿触觉核心技术及自动化技术，拥有行业一流的机器人产品及方案，包含多维度触觉传感器PX-6AX、消费级触觉传感器PX-3A等
TacSense	其柔性离电式传感技术能够提供实时、高质量、低噪声的触觉/压力信号，拥有全柔性、光学透明及超薄封装等物理特性

3.4 人形机器人支撑软件系统

构建人形机器人的软件创新体系能够降低研发门槛并加速产

品创新，是推动人形机器人产业实现高性能、高可靠性和产业化落地的关键因素。目前人形机器人开发软件主要包括人形机器人通用操作系统及人形机器人数字仿真引擎。

3.4.1 通用操作系统及开发工具

国内企业和研究机构正在加速开发适应本土市场的机器人操作系统，如达闼机器人和深开鸿等企业已经发布了我国自主创新的机器人通用操作系统，帮助生态开发者和商业客户基于机器人通用操作系统高效、便捷地进行机器人开发，打造具有竞争力的智能机器人产品。

1. 达闼HARIX OS

达闼HARIX OS（海睿操作系统）是一个可从云端跨越至边缘乃至机器人设备的分布式操作平台，如图3-11所示。海睿操作系统创建了一个可扩展且不断进化的开放式生态系统，将云端机器人技术和服务与机器人行业的其他参与者相互融合。此外，海睿操作系统为云端机器人开发社区开放了众多应用和AI技能，据此第三方机器人开发者可创造性及高效地构建云端机器人AI和应用。

达闼HARIX RDK作为海睿云端机器人操作系统的机器人应用开发平台，提供数字孪生构建、仿真、训练、开发、运营全要素的数据集和工具链。

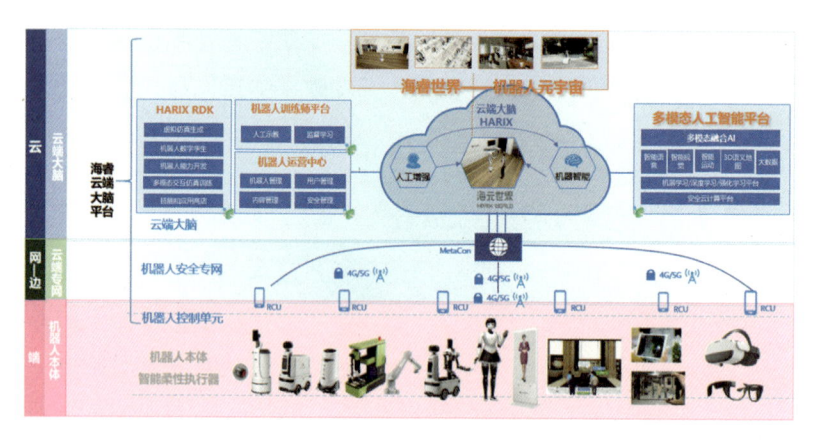

图3-11 达闼云端机器人架构[1]

2. 深开鸿Kaihong OS

KaihongOS是深开鸿基于OpenHarmony研发的面向未来全场景物联网智能终端的操作系统，其基于分布式软总线、无感配网、自组网等前沿技术，实现跨终端智能互联和确定时延、统一接口标准、高精度时钟同步、硬件虚拟化、全设备弹性部署，同时采用基于TEE的安全系统，可实现5+层级安全。

如图3-12所示，2023年深开鸿与乐聚机器人合作推出了首款基于开源鸿蒙的KaihongOS人形机器人，打造以人形机器人为载体的万物智联教学系统，通过无线传感实现三维空间感知，通过多终端搭配实现万物智联，由单体智能走向系统智能。另外，深开鸿还在持续推进AI原生智能物联网操作系统研发与应用，支持机器人等重点行业大模型在端侧无缝运行。

---

[1] 2024人形机器人开发者大会：《人形机器人是人类的第三台计算机》。

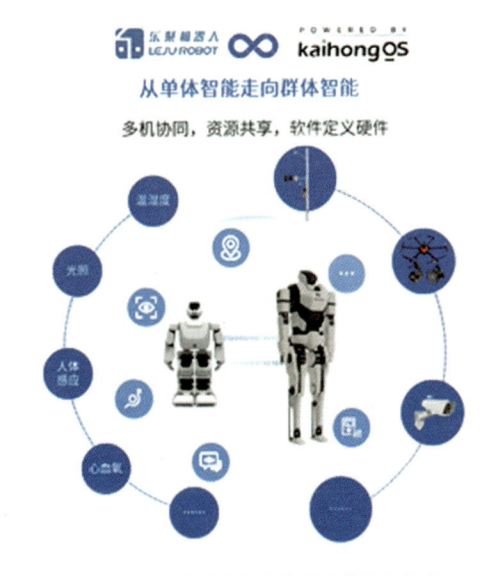

图3-12 深开鸿与乐聚机器人合作推出人形机器人

3.4.2 数字仿真引擎

人形机器人仿真引擎的应用对于解决人形机器人训练过程中的数据短缺、场景匮乏、成本较高等问题具有巨大意义。目前人形机器人仿真开发主要依赖国外产品，如NVIDIA的Isaac Sim等，国产替代需求迫切。

Isaac Sim高保真机器人仿真平台，基于NVIDIA Omniverse，旨在帮助开发者设计、测试和训练基于AI的机器人和其他自主机器。该平台利用NVIDIA PhysX 5实现GPU加速的物理仿真，并支持实时光线追踪和路径追踪，提供逼真的渲染效果。Isaac Sim具备多样化的机器人环境和预构建的机器人模型，支持复杂应用场景的仿真。传感器仿真功能涵盖相机、激光雷达和IMU等多种传感器，为机器人提供丰富的感知数据。此外，Isaac Sim具备可扩展性，基于Open USD标准，允许开发者创建自定义仿真器或将核心技术集成到现有测试和验证流水线中。平台还集成了NVIDIA的AI工具链，支持深度学习模型的训练和推理，加速机器人智能化开发。

  中移杭研（中国移动杭州研发中心）人形机器人仿真平台是一个多模式、交互式物理模拟平台，其特点是可以在各种3D场景中模拟高保真的感知数据和物理交互，同时支持场景中参数的完整设置和访问。平台面向复杂的非结构化家庭场景，感知重现多模态感官数据，构建环境多样化、交互方式真实化、策略可迁移的专业级仿真平台。2024年2月，中国信息通信研究院泰尔终端实验室依据《FG-Z18-0008-01人形机器人：仿真软件测评方案V1.0》，面向人形机器人仿真平台，从仿真建模功能、机器人智能体运动功能、物理仿真功能，以及其他功能4个方面的12个测试维度，对人形机器人仿真平台能力进行了测试，中移杭研人形机器人仿真平台在评估过程中满足方案要求，通过测试。

  2024年7月，在WAIC 2024科学前沿主论坛上，上海人工智能实验室发布首个城市级具身智能仿真平台浦源·桃源，如图3-13所示。

第3章 人形机器人重点产品培育

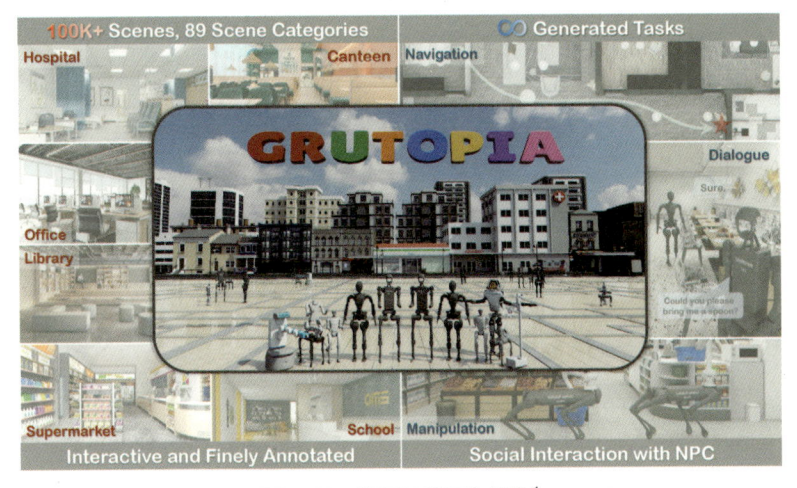

图3-13 桃源仿真平台概览[1]

作为大模型与机器人的连接层，桃源仿真平台涵盖89种功能性场景、10万条级别高质量可交互数据，支持通用机器人从底层控制到高级任务执行的全方位研究。桃源仿真平台可模拟各种复杂场景和机器人的行为模式，包括但不限于户外作业、社交互动、家庭生活、工业生产、商业交易等，从而为具身智能体提供了具有社会属性的虚拟社会。该平台包含海量高质量可交互场景数据，并可借助AIGC（Artificial Intelligence Generated Content，人工智能生成内容）技术生成多样化、难度适中的具身智能任务，建立相应的评测体系，赋能具身智能大模型研发。目前，桃源仿真平台支持多种类型机器人的训练评测，包括对机械臂、轮式机器人、四足机器人、人形机器人的运动控制算法及训练。用

---
[1] 相关内容请参考："GRUtopia: Dream General Robots in a City at Scale"。

户通过调用即插即用式API，即可在任意任务中模拟真实的控制过程，并还原规划过程中的各类场景。未来，桃源仿真平台还将通过持续迭代，拓展对更多类型具身智能体的支持。

人形机器人场景应用

第4章

人形机器人与工业机器人、移动机器人等传统机器人不同，具备独特的适应性和灵活性，已经在多个领域展现出应用潜力。在工业制造领域，例如汽车制造和智慧物流领域，人形机器人已经开始发挥价值，并有望成为这些行业的关键参与者。此外，在民生重点、特种应用等领域，人形机器人也展现出了广阔的应用前景。

整体来看，人形机器人在各领域的应用仍处于初级阶段。随着技术的成熟和产品性能的优化，市场需求有望进一步扩大。未来，人形机器人最有可能在工业制造领域率先实现大规模应用。随着技术的持续突破和成本的进一步降低，人形机器人将在民生重点领域和特种应用领域扮演更加重要的角色，从而推动这些领域的创新和发展。

如图4-1所示，人形国创中心基于人形机器人的场景落地应用能力进行初步的等级划分，以指导内部场景落地规划。针对L1（固化环境）、L2（结构环境）、L3（开放环境）、L4（动态环境），分别对人形机器人的学习能力、运动能力及作业能力提出相关场景应用要求。此应用等级标准仍有待产业界随着人形机器人场景应用的逐步深化而进一步完善。

第4章 人形机器人场景应用

难度等级	学习能力	运动能力	作业能力	典型场景
L1 固化环境	固化环境人机交互能力	节律步态行为与抗干扰运动控制能力	低精度抓取与基于VR及数据手套的化身遥控		 产线巡检 低精度上下料 物流配送
L2 结构环境	初级大模型应用能力	环境与行为驱动下的运动范式演化能力	高精度抓取 类人灵巧抓取 协同操作		 迎宾接待 高精度上下料 巡查警戒
L3 开放环境	复杂大模型应用能力	高仿生、高韧性自主机动与越障能力	高效自主作业 不同环境和任务自适应作业		 焊接 装配工序 叶片零件装配
L4 动态环境	深度大模型应用能力	全端到端下在线行为演化能力	多模态交互与人机协同作业		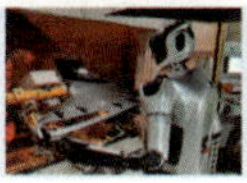 精细操作 焊接质量检测 零部件加工

图4-1 人形机器人场景落地应用能力要求参考

4.1 人形机器人特种领域场景应用探索

人形机器人的应用正成为应对高危环境和执行特殊任务的关键解决方案。人形机器人的高度适应性和灵活性能够让它们在极端条件下发挥作用，在危险作业、安防巡逻等方面体现出巨大的创新应用潜力。目前已有部分人形机器人产品在相关场景中实现了落地应用。此外，人形机器人在其他特种应用领域的创新应用也值得探索，例如水下、太空等人类生存受限的极端环境。在水下资源勘探、水下考古等领域，人形机器人可以代替人类潜水员进行作业，避免潜水员面临生命危险。在太空探索方面，人形机器人可以执行各种复杂任务，如卫星维修、空间站建设等。此外，人形机器人还可以用于军事领域，如侦察、排爆、反恐等。由于人形机器人具有高度的机动性和隐蔽性，所以其可以快速、准确地完成任务，减少人员伤亡。

4.1.1 危险作业

在危险品生产中，人形机器人可以代替人类执行高风险的作业任务，如危险品搬运、捆扎、结构装配等。此外，人形机器人还可以通过智能感知和识别技术，对生产过程中的异常情况进行实时监测和预警，提高生产的安全性和效率，降低人员伤亡和环境污染的风险。人形国创中心面向危险作业场景中替代人类开展危险品制造的人形机器人进行了探索。图4-2所示为人形机器人进行杂质剔除工艺测试。

图4-2 人形机器人进行杂质剔除工艺测试

开普勒机器人具有防水密封设计、防水材料、温度传感器等，可有效替代人类在恶劣环境中进行户外工作。其具备防辐射功能，可替代人类进行爆炸性气体环境或辐射区等危险环境监测与处理，如图4-3所示。其具备危险环境作业能力，可代替人工在有毒有害实验室中工作，其配备各种传感器和监测设备，当监测到有毒有害物质超过安全阈值时，可以自动发出警报并采取相应的措施，保障实验室安全。其具备安全隐患排查能力，通过数据记录和回放，有助于事后工作安全分析和隐患排查。

图4-3 开普勒机器人特种行业解决方案[1]

在核电领域，人形国创中心面向核电领域恶劣条件、危险场景应用需求，已开始实施人形机器人核电产线巡检工作，实现"机器换人"。核电设施的环境复杂多变，具有高温、高压、高辐射等多种极端条件，图4-4所示为核电产线巡检。人形机器人经过特殊设计和测试，能够在这些复杂环境中稳定工作，确保巡检任务的顺利完成。为了满足核电设施多样化的巡检需求，人形机器人通过红外热成像、声音检测、气体检测等功能模块，能够全面检测核电设施的各项指标和潜在问题。

图4-4 核电产线巡检

---

1 开普勒官方网站。

4.1.2 安防巡逻

人形国创中心针对人形机器人在安防巡逻场景中需要的工作能力和特点，开展人形机器人工作的条件建设，训练能稳定可靠执行安防巡逻任务的人形机器人，形成标准化、模块化机器人平台体系，包括感知、定位、运动、决策等关键功能模块，能适应复杂多变的外界环境，完成指定的任务操作。通过集成低光照视觉系统、泥沙地形运动控制、全天候环境适应性控制等技术，加强了人形机器人的环境适应能力。

4.2 人形机器人制造业场景应用探索

智能制造作为未来工业发展的关键驱动力，对于提高生产效率、降低成本、优化资源利用率具有重要意义。人形机器人的应用在智能制造中有着广泛的潜力，可以用于自动化生产线、质量检测、物流管理等方面，从而推动整个制造业的升级。目前，人形机器人在工业制造与物流领域的应用仍处于起步阶段，主要应用于一些高度自动化和智能化的企业。与工业机器人和移动机器人相比，人形机器人在某些特定场景中具有更好的适应性和灵活性，但在大规模应用方面仍受到成本、技术和市场接受度等因素的限制。

4.2.1 汽车制造

优必选人形机器人Walker S进入蔚来第二先进制造基地总装车间进行实地"培训"，实现了全球首例人形机器人在汽车工厂流水线上与人类协作完成汽车装配及质量检查作业。Walker S可在行进中完成车辆车门锁质检、后车灯盖板质检、安全带检测等工作。如图4-5所示，其还能高精度柔顺地贴车标。

图4-5 优必选Walker S贴车标[1]

小米、小鹏等汽车企业也都在积极推进人形机器人在自有制造系统中的分阶段落地。智元机器人远征A1将面向工业场景，规划在比亚迪工厂参与外观检测、底盘装配等汽车装配线上作业。

4.2.2 工业制造

人形国创中心与上海电气、长虹集团及国内某汽车生产线合作，针对生产线上下料、零部件清理及零部件加工等场景开展人形机器人的应用探索。基于人形机器人的灵巧手和先进的传感器进行精确的操作和定位，完成物品搬运、器件清理、拧螺丝等工作任务的测试。通过搭载适当的焊接工具，人形机器人能够进行精确的焊接作业，尤其在一些空间狭小或者需要高度灵活性的场景中，通过整合先进的视觉系统和传感器，实现精确的焊接路径规划和执行，保证焊接质量。如图4-6所示，青龙人形机器人在汽车生产线进行上下料测试。

---

1 优必选科技：《央媒点赞！优必选人形机器人破局汽车制造》。

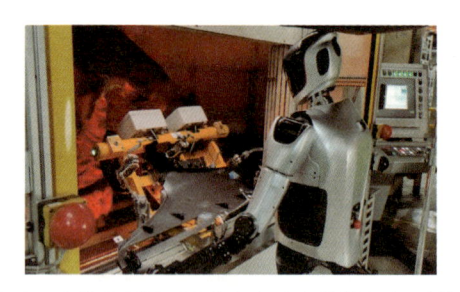

图4-6 青龙人形机器人在汽车生产线进行上下料测试

4.2.3 仓储物流

开普勒机器人搭载了先进的视觉定位和路径规划系统，能够快速和准确地识别目标位置，并计算出最优的移动路径，以便高效搬运与精准装配，图4-7所示为开普勒机器人在进行搬运与装配。自动搬运功能能助力仓储和物流操作，实现移动、搬运货物、装载和卸载运输车辆，并根据需求进行库存管理等自动化管理。自动避障功能利用传感器系统，实时检测和规避工作场地中的障碍物，确保搬运过程的安全性。仓储管理功能利用机械手臂实现仓储管理，如货物分拣、库存管理、订单处理等，提高仓储操作的速度及准确性。

图4-7 开普勒机器人在进行搬运与装配[1]

---

1 开普勒官方网站。

4.2.4 智能巡检

人形国创中心与南方电网合作,进行人形机器人在电力巡检方面的应用尝试。人形机器人代替人工在危险、紧急、重复性任务中进行作业,减少人员在特殊、高危环境下的工作风险,提升工作效率。通过自动化巡检流程,有效降低运维成本。人形机器人能够实现全天候、全区域、全自主巡检,对各类设施、设备以及环境信息进行全覆盖检测。相较于传统的人工巡检,人形机器人能有效探查巡视死角,为设备状况评估提供更为全面的数据,提高设备巡检的工作效率和质量,降低运维人员的劳动强度和工作风险。

4.3 人形机器人民生及重点行业场景应用探索

人形机器人将逐步深入人们的日常生活,提供多样化的服务和便利。从家庭护理、教育娱乐到日常家务,人形机器人以其先进的交互能力和智能技术,为改善老年人的生活质量、丰富儿童的学习体验,以及家庭高效清洁等提供帮助。此外,在公共服务和零售行业,人形机器人通过提供信息咨询、导购服务和安全监控等,能够进一步提升服务行业的智能化水平和客户满意度。当前,人形机器人在家庭服务与陪伴领域的应用仍处于起步阶段,主要集中于提供基本陪伴、娱乐互动和简单家务服务。

4.3.1 家庭服务

乐聚机器人在网上发布了一段人形机器人进入家庭干活的视频。视频中,机器人乐聚夸父(KUAVO)进入家庭,开始学习并执行洗衣、浇花、插花、晾衣服等任务,这是乐聚和海尔面向家庭服务场景应用的首次探索,如图4-8所示。

图4-8　乐聚KUAVO在浇花[1]

此外，乐聚和华为合作，尝试让人形机器人进入厨房，通过流利的人机交互，理解主人的喜好，进行食材搭配，通过智能炒菜机烹饪菜肴，如图4-9所示。

图4-9　搭载盘古大模型的乐聚KUAVO正在烹饪[2]

人形国创中心也与中国电信天翼数字生活携手，共同探索人形机器人家庭服务场景落地，并聚焦老人康养、安全守护、家庭陪伴和综合家务等重点场景。

4.3.2　康养服务

腾讯Robotics X实验室推出了首款类人形机器人"小五"，用于康养服务，旨在提高人的生活自主性和幸福感，特别是在养

1　中国机器人网：《你想要的家庭服务人形机器人真的来了！》。
2　盘古大模型5.0发布会。

老领域,其成为患者、老人与护工之间的桥梁,提供新型智能的护理养老解决方案。

如图4-10所示,"小五"具有多形态变换能力,能够适应养老院、医院和家庭等多种场景。"小五"在养老院中可以帮助搬运物品、推轮椅等。通过配备大面积触觉传感器,使得它在与人类交互时表现出友好性,能够实时感知老人起身时的压力、姿态、温度等,以适应老人的需求。"小五"在设计时注重安全性,能够在与人类互动时避免潜在的伤害,这对于养老院和家庭环境中的老人尤为重要。此外,"小五"能够自主折叠与展开,这使得它在不需要工作时可以减少占用的空间,方便运输和存放。

图4-10 腾讯"小五"类人形机器人[1]

4.3.3 商品零售

与Tesla、华为等巨头不同,银河通用将人形机器人落地首选场景放在零售商超领域,与美团买药联合打造了全球首个人形机器人智慧药房解决方案,如图4-11所示。由具身大模型机器

---
1 腾讯:《腾讯新机器人,请叫我"小五"》。

人Galbot完成24小时无人值守，在美团买药展位不间断地完成补货、取货任务，未来有望与连锁药房合作。

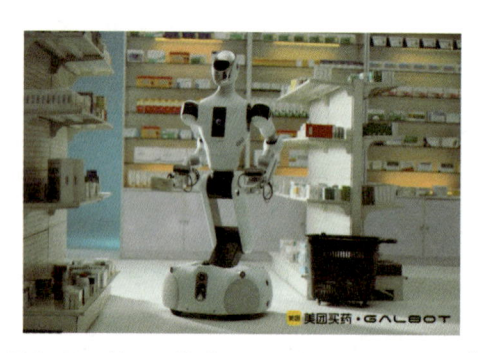

图4-11　美团买药-银河通用智慧药房解决方案[1]

4.3.4　迎宾导览

优必选首批人形机器人Walker X已落地于沙特NEOM新未来城，成为第一代大型人形机器人"市民"，提供智能化服务，如图4-12所示。

图4-12　优必选人形机器人在迪拜世博会进行展厅介绍[2]

1　银河通用机器人：《美团买药联合银河通用，携全球首个人形机器人智慧药房解决方案亮相服贸会》。
2　中关村在线：《优必选熊猫机器人优悠全球首发 正式启程迪拜世博会中国馆》。

第4章　人形机器人场景应用

　　乐聚夸父四代人形机器人搭载了高精度摄像头和先进的图像识别技术，连接了大模型，内置了丰富的知识库，涵盖了展厅的展览内容、展品信息、活动安排、交通指南等多个方面。如图4-13所示，其能为访客展示展厅的虚拟导览图、展品介绍视频等多媒体内容，使参观过程更加有序和高效。

图4-13　乐聚人形机器人进行展厅迎宾导览

189

人形机器人产业生态营造

第5章

我国人形机器人产业生态正在快速构建,涵盖技术研发、制造、应用等多个环节。开源环境的培育、创新载体的建设、产业集群的汇聚,以及投融资体系的日益完善,共同推动着我国人形机器人产业生态的繁荣发展。后续,通过强化产业链协同和跨界融合,进一步优化资源配置,将构建一个更加成熟、富有活力的人形机器人产业生态系统。

5.1 人形机器人开源环境

国际上,人形机器人领域的闭源、开源生态均已起步构建,我国需要加速统筹。目前,我国已初步形成以人形国创中心为牵引,本体企业汇聚的小规模开源生态,通过全尺寸人形机器人开源公版机、人形机器人开源社区,以及人形机器人具身智能训练场等措施,有效降低人形机器人开发者、行业参与者的准入门槛和开发成本,推动人形机器人整机企业、核心部组件厂商、科研院校、具身技术研发团队融入人形机器人开源生态,共同加速中国人形机器人产业发展。

5.1.1 人形机器人开源公版机

目前全球首个全尺寸软硬件全开源人形机器人公版机,青龙人形机器人1.0版由人形国创中心自主研发,实现了从硬件、具身智能操作系统、全身动力学控制到数据集的人形机器人全知识体系开源。

- 硬件:包括人形机器人的头部、上肢、下肢、躯干、控制等硬件图纸、驱动等设计资料,如图5-1所示。

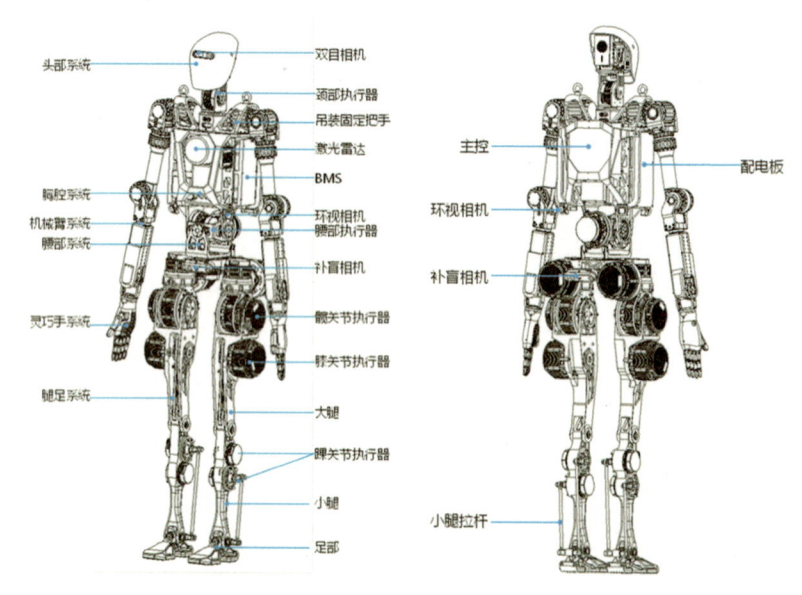

图5-1 青龙人形机器人硬件系统组成

- 具身智能操作系统：包括遥控操作、数据收集、具身智能训练与发育等软硬件全套开发资料。
- 全身动力学控制：包括基于全身动力学控制实现的算法模型，实现了机器人的稳定控制、力矩分配。
- 数据集：包括人形机器人开展行走、抓取、作业、搬运等运动的数据集，通过人体的运动捕捉，强化模仿学习和软件域随机化，实现了数据规模化的积累和沉淀。

5.1.2 人形机器人开源社区

人形机器人开源社区是人形机器人产业生态建设的关键拼图，不仅将为人形机器人开发者提供一个交流和分享的平台，加快创新迭代的速度，也将通过开源人形机器人软硬件，降低准入门槛和开发成本，让更多开发者加入人形机器人的研究和应用队伍，共同推动行业进步。

2024年6月6日，OpenLoong人形机器人开源社区网站在中国人形机器人开发者大会上正式上线运行，填补了国内人形机器人开源社区的空白，16家开源合作单位完成现场签约。如图5-2所示，OpenLoong是人形国创中心打造的全球首个全尺寸人形机器人开源社区，上线了开源全尺寸公版机软硬件设计方案、具身智能操作系统、人形机器人训练场，为开发者、研究者和人形机器人爱好者提供了一个全面、深入且易于理解的资源库，为全球人形机器人开发者提供了技术研讨、信息交流的舞台，通过多元化的内容形式，汇聚了人形机器人领域各方人才的智慧力量，加快了各国开发者间的交流互动与思想碰撞，推进了产业链上下游的深度融合与协同发展，带动了人形机器人技术的快速创新与蝶变。

图5-2　OpenLoong人形机器人开源社区

5.1.3　人形机器人训练场

人形机器人训练场是具身智能颠覆式的创新与技术路线，Tesla Optimus全面推广人形机器人训练场，建立了100多个数据训练团队和40多个训练工位，实现规模化数据收集与训练，进行由"视觉+触觉端到端神经网络"驱动的人类示教与技能规模化训练。2024年5月5日，Optimus基于人类示教已经学会了对新能源车电池包的柔性分装作业。

如图5-3所示，由人形国创中心孵化的人形机器人具身智能训练场，是目前国内首个规模化具身智能训练场。人形国创中心团队基于开源开放的模式推进该项目的建设实施，拥有超过100台机器人和多样训练场景，形成了异构人形机器人虚实通用数据集和数据标准规范，以数据驱动打造中国第一个虚实融合的人形机器人训练场，致力于推动国内人形机器人团队与联盟共同优化其技术路线，构建专用数据底座与具身智能训练体系。

图5-3　人形机器人具身智能训练场概念图

5.2 人形机器人创新载体

我国坚持发挥新型举国体制优势,通过建设人形机器人创新中心、重点实验室、百人会组织,以及产业联盟等行业共性服务平台推动人形机器人产业发展,当前已在各方面取得初步成效。

5.2.1 创新中心

在工业和信息化部的推动下,我国已完成国家地方共建人形机器人创新中心和国家地方共建具身智能机器人创新中心的授牌,以及广东、浙江、安徽、山东、成都、苏州等多个省市级人形机器人创新中心的建设,如表5-1所示。通过聚焦人形机器人共性关键技术领域,打造行业公共服务平台,推动产业生态集聚发展,塑造人形机器人产业链等,加速人形机器人的产业化落地。

表5-1 我国人形机器人创新中心简介

创新中心	简介
国家地方共建人形机器人创新中心	依托于人形机器人(上海)有限公司,公司由国资骨干企业联合行业头部企业于2023年12月成立,由工业和信息化部与上海市政府于2024年5月17日在沪签署战略合作协议并完成揭牌
国家地方共建具身智能机器人创新中心	于2023年11月在北京经济技术开发区(北京亦庄)成立,由人形机器人行业领军企事业单位联合组建,包括小米机器人、优必选、京城机电、中国科学院自动化所等
广东具身智能机器人创新中心	依托于深圳国创具身智能机器人有限公司,于2023年12月成立,2024年4月16日正式启动
浙江人形机器人创新中心	于2023年12日成立,由宁波市政府与浙江大学熊蓉教授团队共建,2024年3月27日正式启动

续表

创新中心	简介
安徽人形机器人产业创新中心	由江淮前沿技术协同创新中心牵头,联合中国科技大学先进技术研究院、合肥工业大学、科大讯飞、蔚来等13家单位共同建设
山东省人形机器人制造业创新中心	2024年11月25日,山东省工业和信息化厅发布2024年山东省制造业创新中心认定和培育名单公示,其中海尔智家股份有限公司牵头成立山东省人形机器人制造业创新中心
成都人形机器人创新中心	于2024年4月成立,是中西部地区首个人形机器人新型研发机构
苏州市人形机器人创新中心	2024年8月22日,苏州市人形机器人创新中心正式揭牌成立,将通过"机器人+应用",带动技术突破、产品升级,助力苏州制造业发展水平大幅提升

各地方创新中心在推动地方人形机器人产业发展中发挥了巨大的牵引作用,不仅加速了技术创新和成果转化,还通过集聚人才、资本、技术等创新要素,形成了强大的产业吸引力和辐射力,促进了地方经济的转型升级和可持续发展。

5.2.2 重点实验室

我国依托各研究机构和高校成立了多所重点实验室,包括中国科学院沈阳自动化研究所机器人学国家重点实验室、哈尔滨工业大学机器人技术与系统国家重点实验室、北京理工大学智能机器人与系统高精尖创新中心及上海交通大学机器人研究所等,为中国人形机器人前沿技术探索和创新提供了强大的理论研究和科学实验基础。

5.2.3　百人会组织

中国人形机器人百人会是在工业和信息化部指导下，由中国电子学会联合行业领军企业、知名高校、国家级科研机构和行业组织共同发起的平台，在2023世界机器人大会"智创未来：人形机器人技术与产业发展论坛"上正式宣布成立，旨在打造研判发展方向、汇聚资源资本、营造产业生态的开放式国际化交流合作平台。通过举办人形机器人大赛等相关活动，中国人形机器人百人会进一步贯彻了工业和信息化部关于人形机器人创新发展的指导意见。其作为人形国创中心的技术联盟，依托自身平台资源，发掘、跟踪、培育了一批掌握人形机器人关键核心技术、具备较强创新能力的优势单位，助推新技术、新产品的落地应用，逐步探索形成我国人形机器人产业发展的高效模式。

5.2.4　产业联盟

国内人形机器人产业联盟的发展正处于起步阶段，呈现出快速推进和区域布局的特点。2024年以来，两个重要的人形机器人产业联盟相继成立，标志着我国人形机器人产业协作机制的正式建立：2024年4月23日北京人形机器人产业联盟成立，2024年6月18日长三角人形机器人联盟成立。人形机器人产业联盟通过整合人才和产业资源，将在推动技术创新、促进产业协同、培育市场应用等方面发挥关键作用，有望加速我国人形机器人产业的发展，提升国际竞争力。

5.3 人形机器人产业集聚

5.3.1 产业园区

国内人形机器人产业园区的发展以传统机器人园区进行人形机器人相关产业链布局为主。人形国创中心正在推动国内首个聚焦人形机器人的产业园区建设，全面覆盖研发、生产、检测、孵化等环节，构建完整的人形机器人产业生态系统。传统机器人产业园区如中关村（亦庄）国际机器人产业园设立了专门的人形机器人创新中心，引入了国际合作，吸引了优必选等知名企业入驻。张江机器人谷以"高端引领、整机带动、开放创新、生态培育"为方针，重点发展人形机器人整机和关键零部件，推动核心技术创新。深圳南山机器人产业园在智能机器人、智能感知与交互技术等领域的布局为人形机器人的发展奠定了基础。

5.3.2 孵化器

2024年以来，北京、上海、无锡等地均开始构建人形机器人创新孵化器，发掘、培育具备发展潜力的国内外人形机器人赛道创业团队和初创企业，培育了一批人形机器人赛道最前沿的本土企业。

5.4 人形机器人产业投融资

近两年，全球范围内人形机器人领域的投融资事件显著增多，中外资本市场均表现出极大的活跃度。尤其是在2024年，人形机器人领域的投资热度显著上升，反映出市场对该行业前景的高度期待和信心。2023年，共有9家人形机器人企业获得累计超过19亿元的融资，据不完全统计，2024年中国人形机器人企业共获得近50笔融资，融资金额超50亿元人民币。从融资轮次来看，初创企业是融资主力军。

表5-2列举了2024年我国人形机器人领域的融资情况。

表5-2　2024年我国人形机器人领域融资情况

融资时间	公司名称	融资轮次	融资金额
2024.01	星动纪元	天使轮	1亿元
2024.01	星海图	Pre-A轮	数千万元
2024.01	傅利叶	D轮	未透露
2024.02	宇树科技	B+轮	10亿元
2024.03	千寻智能	种子轮	未透露
2024.03	智元机器人	A+轮	数亿元
2024.03	松延动力	Pre-A轮	未透露
2024.04	月泉仿生	天使轮	1000万元
2024.04	青心创新	Pre-A轮	未透露
2024.04	帕西尼感知	A轮及A+轮	数亿元
2024.04	开普勒探索	天使轮	未透露
2024.05	加速进化	Pre-A轮	数千万元
2024.05	大象机器人	Pre-B轮	未透露
2024.06	浙江人形机器人	战略投资	1.1亿元
2024.06	小米机器人	天使轮	未透露
2024.06	镜识科技	天使轮	未透露
2024.07	钛虎机器人	Pre-A轮	数千万元
2024.07	逐际动力	A轮	数亿元
2024.07	星海图	A轮	数千万元
2024.07	众擎机器人	天使轮	未透露

续表

融资时间	公司名称	融资轮次	融资金额
2024.07	星尘智能	Pre-A轮	数千万元
2024.07	银河通用	天使+轮	未透露
2024.08	云深处科技	C轮	未透露
2024.08	千寻智能	天使轮	2亿元
2024.08	动易科技	天使轮	数千万元
2024.08	数字华夏	天使轮	未透露
2024.08	众擎机器人	天使轮	近亿元
2024.09	智元机器人	战略投资	未透露
2024.09	优宝特机器人	A轮	数千万元
2024.09	加速进化	Pre-A轮	数亿元
2024.09	宇树科技	C轮	数亿元
2024.09	灵童机器人	战略投资	未透露
2024.09	星海图	B轮	数亿元
2024.10	优宝特机器人	A+轮	未透露
2024.10	UniX AI	天使轮	未透露
2024.10	卓益得机器人	天使轮	1亿元
2024.10	星动纪元	Pre-A轮	3亿元
2024.10	理工华汇	A轮	数千万元
2024.11	星海图	Pre-A轮	2亿元
2024.11	月泉仿生	Pre-A轮	近亿元
2024.11	千寻智能	天使+轮	未透露
2024.11	戴盟机器人	天使+轮	近亿元
2024.11	银河通用	天使+轮	5亿元
2024.11	鹿明机器人	天使轮	未透露
2024.12	钛虎机器人	Pre-A+及Pre-A++轮	超亿元
2024.12	魔法原子	天使轮	1.5亿元

人形机器人支撑能力建设

第6章

人形机器人产业的蓬勃发展离不开强大的支撑体系，我国正以产业标准构建、检验检测和中试验证升级，以及安全治理完善为核心，全面提升相关支撑能力的建设水平。未来，需要进一步加强顶层设计，整合各方资源，持续提升产业的整体支撑能力。不断完善标准体系，提升检测验证能力，强化安全管理，构建一个与产业发展相适应的、动态优化的支撑能力体系，为人形机器人产业的长远发展提供坚实保障。

6.1 人形机器人产业标准体系

6.1.1 产业链标准化需求

通过企业调研，当前阶段我国人形机器人产业链上企业主要有以下标准化需求。

- 技术标准体系：需要制定统一的技术标准指导产业发展，包括机器人的设计、制造、性能测试和安全要求等。
- 应用标准体系：针对特定行业应用制定相应的应用标准和操作指南，如医疗、教育、服务业等。
- 质量认证体系：建立和完善人形机器人的质量认证和市场价值评价体系，提高产品的市场认可度和商业价值。
- 伦理和隐私保护规范：人形机器人智能化水平正在不断提高，需要制定相关的伦理标准和隐私保护规范。

6.1.2 产业标准建设情况

1. 人形机器人标准化工作组

2023年11月21日，"人形机器人标准化工作组成立大会暨标准化技术研讨会"在北京召开,全国机器人标准化技术委员会(SAC/TC591)人形机器人标准化工作组(SAC/TC591/WG02)正式成立。2024年3月27日,工作组第二次会议对人形机器人6项国家标准草案进行审查,就标准草案的范围、创新性、完整性和可行性展开研讨,这标志着我国向对外发布和实施人形机器人行业标准工作迈出了坚实的一步。

2. 人形机器人产业标准体系

全国信息技术标准化技术委员会人工智能分委会具身智能工作组联合中国人工智能学会、中国电子学会提出了人形机器人产业标准体系,包含基础共性、基础支撑、关键能力、产品与服务、行业应用和安全/治理6部分,如图6-1所示。

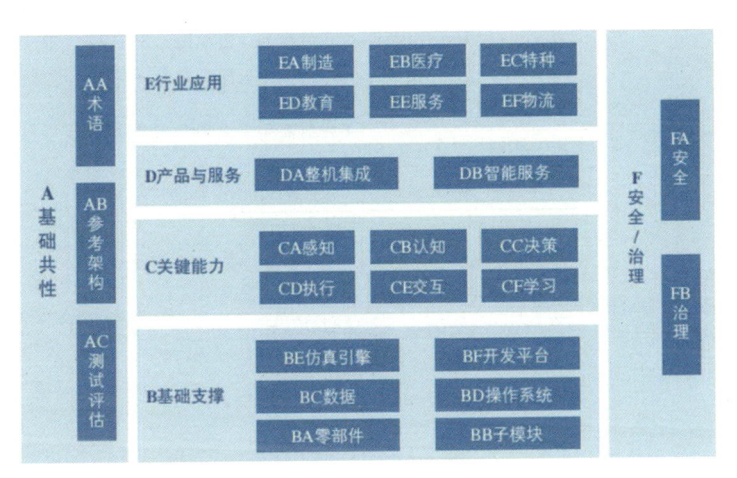

A 基础共性	AA 术语	E 行业应用	EA 制造	EB 医疗	EC 特种	F 安全/治理	FA 安全
	AB 参考架构		ED 教育	EE 服务	EF 物流		
		D 产品与服务	DA 整机集成		DB 智能服务		
		C 关键能力	CA 感知	CB 认知	CC 决策		FB 治理
	AC 测试评估		CD 执行	CE 交互	CF 学习		
		B 基础支撑	BE 仿真引擎		BF 开发平台		
			BC 数据		BD 操作系统		
			BA 零部件		BB 子模块		

图6-1 人形机器人产业标准体系结构图

围绕标准体系,研究梳理了现有人形机器人国内外标准,提出拟研制40余项人形机器人标准,形成如表6-1所示的标准明细,以期对未来人形机器人产业发展及标准研制提供支撑。

表6-1 人形机器人标准明细[1]

一级	二级	标准号/计划号	标准名称	状态
A 基础共性	AA术语	ISO 8373:2021	《机器人 词汇》	发布
		—	《人工智能 人形机器人术语》	拟研制
	AB参考架构	—	《人工智能 具身智能云边端参考架构》	拟研制
	AC测试评估	ISO 18646:2021	《服务机器人的性能标准和相关测试方法》	发布
		ISO 5363:2024	《机器人 外骨骼行走RACA机器人的试验方法》	发布
		GB/T 37242—2018	《机器人噪声试验方法》	发布
		GB/T 38326—2019	《工业、科学和医疗机器人 电磁兼容抗扰度试验》	发布
		—	《人工智能 人形机器人成熟度分级》	拟研制
		—	《人形机器人智能能力评估》	拟研制
		—	《人形机器人服务能力评估》	拟研制
B 基础支撑	BA零部件	GB/T 30819—2014	《机器人用谐波齿轮减速器》	发布
		YD/T 3944—2021	《人工智能芯片基准测试评估方法》	发布
		SJ/T 11852—2022	《服务机器人用锂离子电池和电池组通用规范》	发布
		GB/T 43199—2023	《机器人多维力/力矩传感器检测规范》	发布
		GB/T 32197—2015	《机器人控制器开放式通信接口规范》	发布
		—	《人工智能 深度学习芯片测试指标与测试方法》	拟研制

---

1 图6-1、表6-1相关内容请参考：《人形机器人标准化研究报告（2024抢先版）》。其中C部分在图6-1中为"关键能力"，在表6-1中为"关键技术"，并且表6-1中没有"FB治理"一项，报告原文如此。

续表

一级	二级	标准号/计划号	标准名称	状态
B 基础支撑	BB子模块	—	《人工智能 灵巧手通用要求》	拟研制
		—	《人工智能 灵巧手智能能力评估》	拟研制
	BC数据	—	《人形机器人训练数据采集规范》	拟研制
		—	《人工智能 具身智能数据结构规范》	拟研制
		—	《具身智能数据集质量评估》	拟研制
	BD操作系统	GB/T 33264—2016	《面向多核处理器的机器人实时操作系统应用框架》	发布
		—	《人形机器人操作系统技术要求》	拟研制
		—	《人形机器人操作系统性能测试指标及评估方法》	拟研制
	BE仿真引擎	GB/T 33267—2016	《机器人仿真开发环境接口》	发布
		—	人形机器人仿真测试场景要求系列标准	拟研制
		—	《人工智能 具身智能虚实融合训练系统技术要求》	拟研制
	BF开发平台	GB/T 35127—2017	《机器人设计平台集成数据交换规范》	发布
		GB/T 35116—2017	《机器人设计平台系统集成体系结构》	发布
		—	人形机器人开发平台框架和基本组件	拟研制
C 关键技术	CA感知	20231694-Q-450	《作业场所环境气体检测报警仪通用技术要求》	在研
		—	《人形机器人触觉感知能力要求》	拟研制

续表

一级	二级	标准号/计划号	标准名称	状态
C 关键技术	CB认知	—	《人工智能 具身智能大模型系统技术要求》	拟研制
		—	《人工智能 具身智能大模型评测指标与方法》	拟研制
	CC决策	ISO 18646-2:2019	《机器人 服务机器人性能规范及其试验方法 第2部分：导航》	发布
		—	《人工智能 具身智能大模型系统技术要求》	拟研制
	CD执行	—	《人形机器人运动能力评估》	拟研制
	CE交互	GB/T 36464.1.2020	《信息技术 智能语音交互系统 第1部分：通用规范》	发布
		—	《人工智能 具身智能系统技术规范》	拟研制
	CF学习	—	《人工智能 自主学习机器人通用要求》	拟研制
D 产品与服务	DA整机集成	—	《人形机器人通用体系结构》	拟研制
	DB智能服务	—	《人形机器人服务能力评估》	拟研制
E 行业应用	EA制造	GB/T 38871—2020	《工业环境用移动操作臂复合机器人通用技术条件》	发布
		—	《面向制造业的人形机器人功能要求》	拟研制
		—	《人工智能 机器人仿真测试场景要求 第1部分：工业制造》	拟研制
	EB医疗	—	《面向医疗业的人形机器人功能要求》	拟研制
		—	《人工智能 机器人仿真测试场景要求 第2部分：医疗行业》	拟研制
	EC特种	GB/T 37703—2019	《地面废墟搜救机器人通用技术条件》	发布

续表

一级	二级	标准号/计划号	标准名称	状态
E 行业应用	EC特种	—	《面向特种行业的人形机器人功能要求》	拟研制
		—	《人工智能 机器人仿真测试场景要求 第3部分：特种行业》	拟研制
	ED教育	—	《面向教育业的人形机器人功能要求》	拟研制
		—	《人工智能 机器人仿真测试场景要求 第4部分：教育行业》	拟研制
	EE服务	GB/T 42831—2023	《导引服务机器人 通用技术条件》	发布
		—	《面向服务业的人形机器人功能要求》	拟研制
		—	《人工智能 机器人仿真测试场景要求 第5部分：服务行业》	拟研制
	EF物流	—	《面向物流业的人形机器人功能要求》	拟研制
		—	《人工智能 机器人仿真测试场景要求 第6部分：物流行业》	拟研制
F安全/治理	FA安全	ISO/IECTS8200:2024	《信息技术 人工智能 自动化人工智能系统可控性》	发布
		ISO/FDIS10218-1.2	《机器人技术 安全要求》	在研
		ISO/IECTR 5469	《人工智能功能安全与人工智能系统》	在研
		ISO/IECCD TS6254	《信息技术 人工智能 机器学习模型和人工智能系统可解释性的目标和方法》	在研
		GB/T 38244—2019	《机器人安全总则》	发布
		—	《人形机器人安全通则》	拟研制

3. 人形机器人标准化技术委员会筹建方案

人形机器人标准化技术委员会业务范围包括：研究分析人形机器人标准化需求方向，提出和制定人形机器人行业标准体系，提出人形机器人行业标准制定、修订项目建议，开展人形机器人基础共性、安全、整机及关键技术、零部件及组件和应用等行业的标准制定、修订工作，开展人形机器人在工业制造、智慧物流、安防巡逻、灾害救援、危险作业、服务娱乐、家庭康养等领域应用的行业标准预研和制定、修订工作，开展人形机器人行业标准的宣贯、应用推广及人才培训等工作。

人形机器人标准体系主要由基础共性、安全、整机及关键技术、零部件及组件和应用等5个部分组成。

4. 人形机器人国际标准化创新团队

人形国创中心获批全国首批国际标准化创新团队（人形机器人），将通过制定人形机器人领域国际标准，促进科技创新与产业应用协同发展，深入推进国际交流与合作，全方位提升人形机器人在国际组织和多领域的合作水平，积极创新人才培养模式，培育一批专业的标准化技术创新人才。

5. 我国首批人形机器人标准发布

2024年10月28日，来自全国的50余家人形机器人企业、研究院所共同见证了包括《具身智能 智能化发展阶段分级指南》《人形机器人 分类分级应用指南》（见图6-2）在内的全国首批人形机器人具身智能标准的发布。

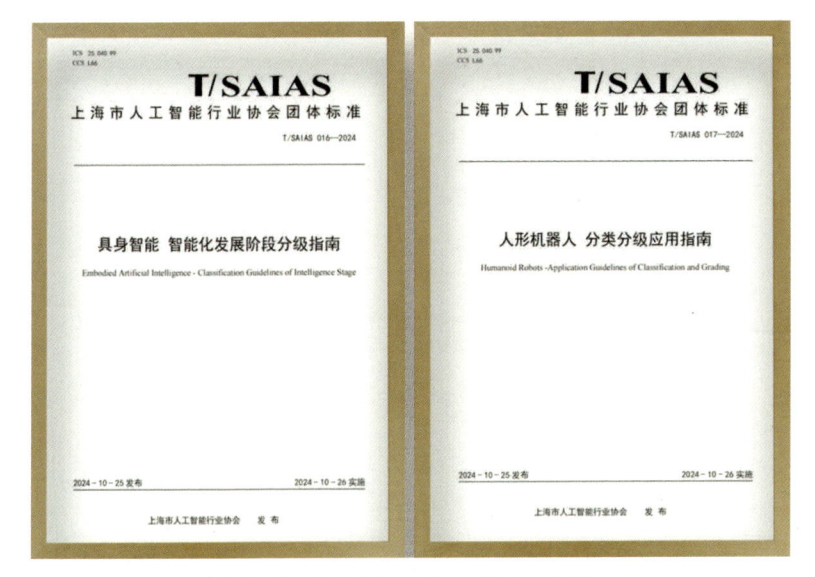

图6-2　首批人形机器人具身智能标准

团体标准《具身智能 智能化发展阶段分级指南》规定了具身智能技术领域的智能化等级划分依据，采用系统功能性、自主性、泛化性的分级原则，以感知、认知、决策、自主等核心能力作为分级要素，将智能化等级从基础到高级划分为G1~G5等5个阶段。该标准适用于具身智能技术的研究、开发、生产、评估和应用推广。

团体标准《人形机器人 分类分级应用指南》定义了人形机器人通用、结构、智能相关的术语名词，从结构外观、移动方式、智能模型等方面进行指导分类，按照具身智能、下肢运动、上肢作业、应用环境等分级要素，将人形机器人划分为L1~L4等4个技术等级。该标准适用于人形机器人的研究、开发、生产、评估和应用推广。

6. 标准化白皮书发布

2024年12月，2024机器人和智能制造技术与标准创新发展（杭州）大会上发布了《人形机器人标准化白皮书》，绘制出人形机器人产业/技术/标准图谱，布局了人形机器人标准化发展路线，加速了技术创新和应用场景的深度融合，为未来人形机器人标准化指明了方向。

6.2 人形机器人检验检测和中试验证

6.2.1 检测评定与认证

人形机器人的检测评定和认证工作对于规范行业环境、制定技术标准、树立市场榜样具有重要作用。我国人形机器人产业仍处于整机研发阶段，正在加速建立和完善人形机器人测试标准体系。

国家机器人质量检验检测中心（重庆）针对人形机器人关键技术指标体系提出草案，其中暂未包括关节模组及零部件测评。草案指出人形机器人面向工业制造、家庭服务、物流运输等关键应用领域，亟须系统性制定满足行业发展需要的标准规范，开展关节测试、整机测试、机械接口测试、软件测试、交互安全测试等测试体系建设，突破人形机器人测试方法及测试设备技术问题，加快构建人形机器人测试标准体系。

6.2.2 中试验证

人形机器人中试验证平台的建设能够有效促进产业技术创新、保障产品安全可靠、优化产品性能并验证应用场景，以及推动产业合作和市场推广。在工业和信息化部的政策指导下，我国多地已经启动人形机器人中试验证平台的建设工作,加速技术成果的工程化落地和产业化应用。

1. 智能机器人中试验证平台

全国首个智能机器人中试验证平台于2024年3月23日在上海智能机器人大会上签约启动,平台由机器人质量基础共性技术检测与评定工业和信息化部重点实验室、上海人工智能研究院共建,助力构建以场景驱动的智能机器人标准检测新范式。

2. 人形机器人中试检测认证服务平台

2024年5月24日,重庆凯瑞机器人技术有限公司与中机中联工程有限公司成功签约打造人形机器人中试检测认证服务平台,围绕人形机器人产品创制、试制、研制等需求,提供中试服务产业化开放型载体,实现人形机器人"基础研究、技术攻关、技术应用、成果产业化"全过程无缝连接。

3. 人形机器人共享中试制造平台

人形国创中心于2024年年底启动建设面向业界开放的共享中试制造平台,通过完善场地设施、软硬件、技术和人才等支撑,装备精密机加工平台、传感器组装线、云模拟仿真系统等完备设备,推进综合性与专业化中试公共服务机构建设,提供跨行业、跨领域的高水平中试服务,完善特殊应用场景下的试验能力和极端环境试验能力,满足企业多样化需求。

6.3 人形机器人安全治理

人形机器人的安全治理是人形机器人能够实现商业化应用的重要前提,而在新一轮科技革命和产业变革的浪潮下,人形机器人商业化的拐点即将到来，迫切需要加快人形机器人在功能安全、数据安全、风险评估及科技伦理等方面的标准规范制定。

6.3.1 治理导则

《人形机器人治理导则》（以下简称《导则》）是业界首个以开放签署方式发布的人形机器人治理规则文件，由上海市法学会牵头制定，国家地方共建人形机器人创新中心、上海市人工智能行业协会、上海市人工智能标准化技术委员会、上海法院数字经济司法研究及实践（嘉定）基地联合签署，并于2024年世界人工智能大会法治论坛上正式发布。

《导则》分为目标愿景、基本遵循、创新发展、风险管理、全球治理和附则6个部分，共30条规则。《导则》的制定是为了促进人工智能科技和产业的健康发展，确保人形机器人的设计、开发和应用合乎人类道德和伦理价值，持久保障人类使用人形机器人的权益和安全，为全人类带来更多福祉和便利。

6.3.2 法治专刊

《东方法学》作为高端法学理论核心期刊，在2024年第3期策划了人形机器人法治专刊，如图6-3所示，其从主体论、权利论、责任论和治理论等不同视角刊登了人形机器人法治专题文章15篇，提出了高质量的法学学术观点。

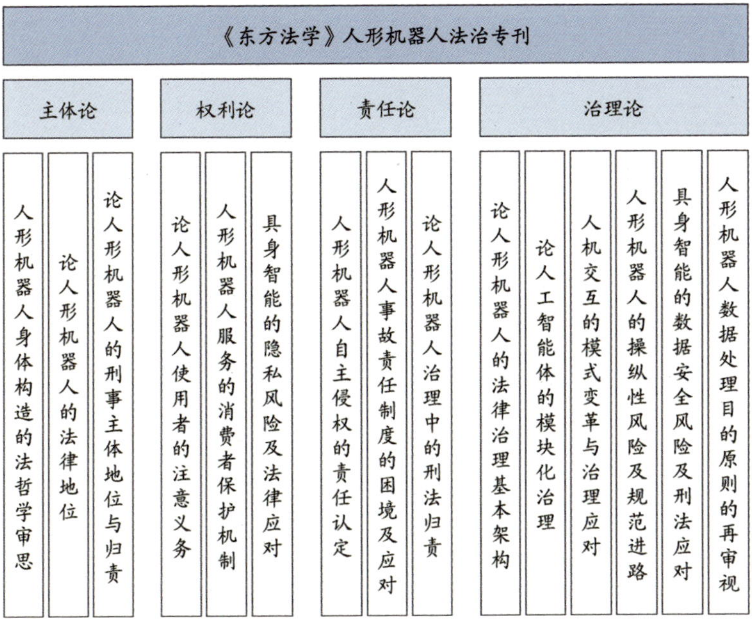

《东方法学》人形机器人法治专刊

主体论
- 人形机器人身体构造的法哲学审思
- 论人形机器人的法律地位
- 论人形机器人的刑事主体地位与归责

权利论
- 论人形机器人使用者的注意义务
- 人形机器人服务的消费者保护机制
- 具身智能的隐私风险及法律应对

责任论
- 人形机器人自主侵权的责任认定
- 人形机器人事故责任制度的困境及应对
- 论人形机器人治理中的刑法归责

治理论
- 论人形机器人的法律治理基本架构
- 论人工智能体的模块化治理
- 人机交互的模式变革与治理应对
- 人形机器人的操纵性风险及规范进路
- 具身智能的数据安全风险及刑法应对
- 人形机器人数据处理目的原则的再审视

图6-3 《东方法学》人形机器人法治专刊

该理论成果有助于引领各界有关人形机器人科技伦理安全的研究和讨论,促进了技术创新与伦理安全协调发展。

人形机器人保障措施情况

第7章

第7章 人形机器人保障措施情况

我国人形机器人产业已进入高速发展阶段，为推动人形机器人产业的快速健康发展，我国已经制定并实施了一系列统筹技术攻关、产业政策支持、专业人才培养，以及国际交流合作等方面的保障措施，并在持续完善和优化中。随着这些措施的深入推进和不断完善，我国人形机器人产业有望在全球竞争中占据更加主动的地位，为经济社会发展注入新的动力，推动我国从机器人大国向机器人强国迈进。

7.1 人形机器人统筹技术攻关

工业和信息化部办公厅组织开展了2023年未来产业创新任务揭榜挂帅工作，如图7-1所示，其中人形机器人方向任务榜单包括4大类、19个方向，统筹推进技术攻关。

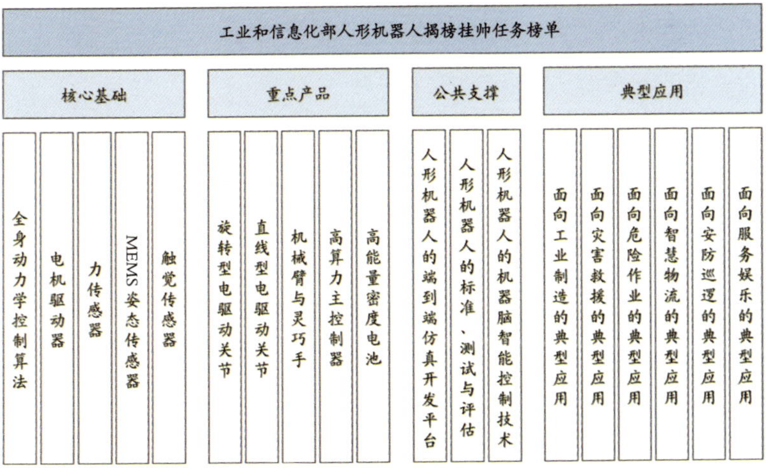

图7-1 工业和信息化部人形机器人揭榜挂帅任务榜单

人形机器人产业创新任务揭榜挂帅工作的开展有助于发掘、

215

培育一批掌握关键核心技术、具备较强创新能力的优势单位，突破一批标志性技术产品，加速新技术、新产品落地应用。

7.2 人形机器人产业政策支撑

当前新一轮科技革命和产业变革加速演进，信息技术、生物技术、新能源、新材料等与人形机器人深度融合，使人形机器人产业迎来升级换代。作为机器人"皇冠上的明珠"，人形机器人产业发展对促进经济高质量发展、创造美好生活具有重大意义，我国高度重视人形机器人产业发展，并积极推动人形机器人政策规划和战略布局。

7.2.1 中央产业指导政策

工业和信息化部等多个部门于2023年至今，发布了多个人形机器人相关的政策性指导文件，推动人形机器人产业向高端化、智能化方向发展，如表7-1所示。

表7-1 中央人形机器人产业指导政策

部门	时间	政策文件	主要内容
国家发展改革委等五部门	2024年	《关于打造消费新场景培育消费新增长点的措施》	拓展智能机器人在清洁、娱乐休闲、养老助残护理、教育培训等方面功能，探索开发基于人工智能大模型的人形机器人
工业和信息化部等七部门	2024年	《关于推动未来产业创新发展的实施意见》	做优信息服务产品，发展下一代操作系统，推广开源技术。做强未来高端装备，突破人形机器人、量子计算机等产品

续表

部门	时间	政策文件	主要内容
工业和信息化部	2023年	《人形机器人创新发展指导意见》	打造人形机器人"大脑"和"小脑",突破"肢体"关键技术,健全技术创新体系。打造整机产品,夯实基础部组件,推动软件创新
工业和信息化部等十七部门	2023年	《"机器人+"应用行动实施方案》	聚焦10大应用重点领域,突破100种以上机器人创新应用技术及解决方案,推广200个以上具有较高技术水平、创新应用模式和显著应用成效的机器人典型应用场景
工业和信息化部等十五部门	2021年	《"十四五"机器人产业发展规划》	到2025年,机器人产业营业收入年均增速超过20%,形成一批具有国际竞争力的领军企业及一大批创新能力强、成长性好的专精特新"小巨人"企业,建成3~5个有国际影响力的产业集群

7.2.2 地方产业促进政策

在国家政策与科技发展的指引下,全国主要城市如北京、上海、深圳等争相出台相关政策,指引产业技术创新,提供保障措施,以吸引人形机器人头部企业、夯实产业基础、打造产业供应链、抢占行业先机。表7-2所示为地方人形机器人产业促进政策。

表7-2 地方人形机器人产业促进政策

地方	时间	政策文件	主要内容
北京	2023年	《北京市机器人产业创新发展行动方案(2023—2025年)》	加快推动北京市机器人产业创新发展,打造全球机器人产业高地。目标为到2025年培育100种高技术高附加值机器人产品、100种具有全国推广价值的应用场景

续表

地方	时间	政策文件	主要内容
北京	2023年	《北京经济技术开发区机器人产业高质量发展三年行动计划（2023—2025年）》	推动北京经济技术开发区机器人产业高质量发展，到2025年开发区机器人研发投入年均复合增长率达50%以上，培育、引进一批国内外领军企业、产业链供应链重点企业等
北京	2023年	《北京市促进机器人产业创新发展的若干措施》	加快推动北京市机器人产业创新发展，全力打造机器人技术创新策源地、应用示范高地和高端产业集聚区。提及组建人形机器人创新中心
上海	2023年	《上海市促进智能机器人产业高质量创新发展行动方案（2023—2025年）》	加快推动上海机器人产业集聚和高质量发展。到2025年，成功打造具有全球影响力的机器人产业创新高地，在品牌、应用场景和产业规模方面实现"十百千"突破等目标
上海	2023年	《上海市进一步推进新型基础设施建设行动方案（2023—2026年）》	提出布局智能机器人创新基础设施，建设"大模型+人形机器人"协同创新平台。建设机器人规模化应用工程，面向高端制造业支持行业龙头企业人形机器人规模化应用
上海	2023年	《上海市推动制造业高质量发展三年行动计划（2023—2025年）》	瞄准人工智能技术前沿，构建通用大模型，面向垂直领域发展产业生态，建设国际算法创新基地，加快人形机器人创新发展
广东	2024年	《广东省培育智能机器人战略性新兴产业集群行动计划（2023—2025年）》	到2025年，智能机器人产业营收达到800亿元，智能机器人核心技术和关键零部件自主可控水平大幅提升，创新产品和解决方案有力支撑产业发展实际需求
山东	2023年	《山东省制造业创新能力提升三年行动计划（2023—2025年）》	研究制定山东省未来产业高质量发展行动计划，加快布局人形机器人、元宇宙、量子科技、未来网络、碳基半导体、类脑计算、深海极地、基因技术、深海空天开发等前沿领域，推进6G技术研发和应用。建设济南、青岛未来产业先导区。力争到2025年，重点依托省级以上高新区、经济开发区等特色园区，打造10个左右特色鲜明、创新力强的未来产业集群

续表

地方	时间	政策文件	主要内容
山东	2024年	《山东省促进人形机器人产业创新发展实施方案（2024—2027年）》	到2025年，人形机器人创新体系初步建立，整机产品实现批量生产，在制造、民生、服务等领域得到示范应用，培育5家左右人形机器人领域重点企业。建成一批"一企一技术"研发中心、制造业创新中心、企业技术中心等创新平台，培育一批典型应用场景，开拓一批新业务、新模式、新业态
安徽	2024年	《安徽省未来产业先导区建设方案（试行）》	到2027年，在通用智能、量子科技、空天信息、低碳能源、先进材料、人形机器人等具有比较优势的领域建设10个左右省级未来产业先导区，积极创建国家级未来产业先导区
安徽	2024年	《安徽省人形机器人产业发展行动计划（2024—2027年）》	到2027年，围绕"23456"目标体系，初步构建安徽省人形机器人创新体系和产业生态，形成产业化能力。2：构建两个中心，即合肥市研发制造与应用中心、芜湖市关键零部件生产配套中心。3：建设三大平台，即为人形机器人专设的省级创新平台、融资平台、招引孵化平台。4：打造不少于4种型号有国内代表性的人形机器人整机。5：开发控制器、高功率密度高性能伺服驱动器和伺服电机、一体化关节、轻量灵巧手、电子皮肤等5类优势部组件。6：推出面向制造、应急、商贸物流、医疗健康、家庭服务、文旅服务等6个领域场景的多类型人形机器人产品，形成示范应用
湖北	2023年	《湖北省数字经济高质量发展若干政策措施》	鼓励省内企业联合科研院所面向未来产业，开展6G、量子科技、人形机器人、元宇宙、人工智能等领域原创性研发，对相关企业享受研发费用加计扣除超出上一年度的增量部分给予补助，单家企业补助额最高可达100万元

续表

地方	时间	政策文件	主要内容
深圳	2022年	《深圳市培育发展智能机器人产业集群行动计划（2022—2025年）》	围绕小批量订单、个性化定制、柔性化制造需求，积极研发人机协同作业的新一代机器人。在服务与特种机器人领域聚焦传感器、芯片、执行器等开展技术攻关
深圳	2023年	《深圳市加快推动人工智能高质量发展高水平应用行动方案（2023—2024年）》	开展通用型具身智能机器人的研发和应用。实施核心技术攻关载体扶持计划，支持科研机构与企业共建5家以上人工智能联合实验室，加快组建广东省人形机器人制造业创新中心
重庆	2023年	《重庆市AI及服务机器人产业集群高质量发展行动计划（2023—2027年）》	建立六大产品体系，即清洁服务机器人、物流服务机器人、医疗服务机器人、居家服务机器人、特种服务机器人、人形机器人
杭州	2024年	《杭州市促进智能机器人产业高质量发展的实施意见》	力争到2026年，杭州市智能机器人领域培育集聚创新创业团队超100个、专精特新小巨人企业15～20家、行业头部企业2～3家，实现国际先进水平的智能机器人关键组部件（软件）100项、整机新产品50项（其中达到产业化水平的人形机器人整机产品不少于3项）

7.3 人形机器人专业人才培养

2024年以来，高校、研究院和企业之间的协同创新进展迅速，如今已形成数个联合实验室、研究院及人才培养基地等，通过产学研联合人才培养的形式，强化高水平人才供给。表7-3所示为我国人形机器人人才培养情况。

表7-3　我国人形机器人人才培养情况

培养形式	建设单位	建设情况
联合实验室	北京大学，智元机器人	2024年1月成立，旨在解决关键具身智能技术问题，培养未来机器人行业的技术领军人才，协同共进，持续探索，推动前沿技术创新与产业化的链接
	北京大学，银河通用	2024年5月成立，结合了北京大学在人工智能、具身智能等领域深厚的学术积累，以及银河通用机器人在具身智能领域的技术研发能力和商业化实践经验，双方携手合作共同推动具身智能领域的技术创新和产业发展
	北京通用人工智能研究院，乐聚机器人	2024年5月成立，北京通用人工智能研究院与乐聚机器人共同成立人形机器人联合实验室，助推人形机器人在基础能力、具身操作能力及多场应用能力等方向的技术创新
研究院	苏州大学，乐聚机器人	2024年1月成立，苏大-乐聚人形机器人协同创新研究院围绕人形机器人基础部件研发、控制算法开发、机械机构创新、创新应用研究、行为技能数字化等方向开展实验研究
	中国科技大学	2024年6月揭牌，中国科大人形机器人研究院发挥中国科大多学科交叉优势，在材料传感、结构驱动、运动控制及具身智能等方向争取技术突破，积极推进人形机器人在服务、医疗、教育等领域的应用，并将通过与企业的合作，加快科研成果的产业化进程
人才基地	人形国创中心，上海大学	人形国创中心依托上海大学机械工程国家一流学科，推进本硕博一体化人形机器人专门人才培养，共建人形机器人教学实验人才培养基地，共同推动卓越工程师培养

7.4　人形机器人国际交流合作

中国的人形机器人相关单位的产品和技术正逐渐走向国际市场，与全球同行展开竞争和合作，通过组织举办以及参加国际展会和论坛，展示最新的产品和技术，与国际同行进行交流合作，有望进一步扩大国际影响力。

7.4.1　人形机器人开发者大会

2024年6月6日，人形国创中心、上海张江集团、上海人工智能实验室共同推动的2024中国人形机器人开发者大会（暨第三届张江机器人全球生态峰会）于上海张江科学会堂盛大开幕，如图7-2所示。这是业内首场以人形机器人与具身智能开发者为核心的活动，人形国创中心邀请了5位院士、11位知名学者和数十位头部企业专家领导、超2000名开发者到场参会，共览行业阶段性成果，共话全球行业前沿技术。大会盛况空前，线上直播累计浏览超50万次。

图7-2　2024中国人形机器人开发者大会

7.4.2　世界人工智能大会

2024年7月，2024世界人工智能大会在上海召开，如图7-3所示。人形机器人区是此届世界人工智能大会重点打造的专区之一，共有25款人形机器人，数量创下历年之最。人形机器人排成"先锋阵列"展现了全球具身智能的最新成果，全球首款通用人形机器人开源公版机"青龙"惊艳亮相。此届人工智能大会上国产人形机器人大放异彩，不仅展现了我国当前人工智能领域的最新成果，更预示着国内人形机器人产业未来发展的无限可能。

图7-3　2024世界人工智能大会

7.4.3　世界机器人大会

2024年8月，世界机器人大会在北京举行，共有27家人形机器人整机企业展示了机器人产品，还有30余家人形机器人产业链上下游企业亮相，如图7-4所示。基于多样机器人本体产品，机器人厂商纷纷融合AI视觉、大模型等技术，以展示其在具身智能时代的技术创新和实践应用，人形机器人新发展阶段正在拉开序幕。

图7-4　2024世界机器人大会[1]

1　北京经信局：《2024世界机器人大会在京开幕》。

Conclusion 结 语

中国人形机器人产业已然进入了一个承前启后、由量变向质变转化的关键阶段。未来，人形机器人产业的发展路径将不仅依赖于单点技术的进步，更需要技术、产品、产业链、场景应用、生态系统，以及支撑能力和保障措施的多维协同发展，推动人形机器人从技术突破到大规模产业化，再到广泛社会应用的深层演进，共同绘制这一前沿领域的宏伟蓝图。

核心技术的突破依然是人形机器人产业发展的重要基础。人形机器人本质上是一门交叉学科，融合了机械工程、人工智能、计算机视觉及控制算法等多领域前沿技术的系统工程。人形机器人将围绕智能化、灵活性和人机协作三个核心方向演进。首先，随着人工智能的进步，人形机器人需要在系统的智能化水平上实现全面提升，基于更优秀的环境理解和自主决策能力，更好地适应多样化的工作环境。其次，人形机器人本体的灵活性与适应性需要进一步完善，突破机械结构和驱动系统的局限，使机器人更自如地应对复杂任务。最后，人形机器人应具备自然的交互能力及与人类协作的能力，通过语言、动作与情感表达与人类沟通，展现"人性化"特质，融入日常生活和工作场景，作为社会角色参与生产生活。

人形机器人产品需要进一步向多样化、场景化方向延展。人形机器人产品当前多应用于服务业和智能制造等领域,未来将逐渐进入家庭生活、教育辅导、医疗康复、应急救援等更广泛的场景中。人形机器人产品需具备更高的实用性和可靠性,并实现面向不同应用需求的模块化和定制化设计。未来人形机器人的产品形态可能会呈现更丰富的层次,各种形态将根据应用需求实现更加个性化的优化,助力提高社会运转效率并改善人们的生活质量。

人形机器人产业的发展亟须构建稳定而完善的产业链体系。从上游的核心零部件供应,到中游的关键技术研发及集成,再到下游的产品生产和应用推广,产业链的每一个环节都需要有序衔接与协同创新。我国应重点推动人形机器人产业链的自主可控,加强对核心零部件的研发投入,减少对外部供应链的依赖,保障技术和供应的独立性与安全性。同时,也需要构建全球合作网络,吸引外部优质资源的加入,以提升整个产业链的抗风险能力和竞争力。

人形机器人在社会和经济各领域中的应用场景将愈加广泛和多元。未来,人形机器人将在智能制造领域承担更为复杂的装配任务,在医疗康复领域辅助老年人或病患进行日常活动和康复训练,在家庭和教育领域成为儿童的学习伙伴和陪伴者。这些应用场景的不断扩展,不仅仅是对单一产品功能的延伸,更是在重新定义机器人在社会中的角色,赋予它们更多的社会价值。为了实现大规模场景应用,还需要深入探索商业模式的创新,推动机器人应用与用户需求的精准对接，并形成稳定的经济效益链条，促使人形机器人真正进入千家万户。

产业生态体系的打造是推动人形机器人健康发展的重要方向。人形机器人产业的健康发展不能依赖企业的单打独斗，而需要构建一个开放、合作共赢的产业生态体系。在这个生态体系中，需要不同类型的企业、科研机构、大学、投资机构、政府及其他相关方共同参与，形成协同创新的良好局面。通过构建公共技术服务平台、共享实验室、测试与验证平台等共性设施，能够有效降低企业的技术门槛和研发成本，促进更多中小企业参与创新，并推动整个产业的协同进步。产业联盟、创新孵化器及产业基金等多种形式的支持措施也将在未来人形机器人的产业生态建设中发挥重要作用。

人形机器人产业的发展离不开强有力的政策支持和持续的资本投入。政府的政策规划与扶持政策，应涵盖从基础研究到产品研发，再到市场推广的全链条，激励企业和科研机构不断进行技术攻关与产品创新。同时，相关的标准化体系和法律法规也需要同步发展，为人形机器人应用创造良好的市场环境，规范产品性能、安全性及伦理问题，以确保机器人的安全可靠应用。此外，需加大对相关领域的教育与科研支持，培养和引进人形机器人相关领域的高水平人才，打造具有全球竞争力的高素质人才队伍。

中国人形机器人产业的创新与发展将继续围绕技术突破、产品落地、应用扩展和生态构建的主线不断前行。在政府政策、企业创新、科研投入及市场需求的多重作用下，有望实现人形机器人技术的全面进化与产业化的稳步推进。通过不断突破技术瓶颈、拓展应用边界、优化产业链条及强化生态协同，中国的人形机器人产业不仅将在国内市场中取得显著成就，还将在全球舞台上扮演愈加重要的角色，为全球科技进步注入新的活力。

面对未来的机遇与挑战，我们需要坚持系统性思维，既着眼于当前的技术与市场需求，又要以创新和开放的态度面对未来的不确定性。只有通过全方位、多层次的持续努力，才能真正推动中国人形机器人产业向前迈进，为社会创造更多的价值，为人类未来的生活方式带来深刻变革。中国的人形机器人之路已然铺开，而未来，将需要每一个参与者共同绘制宏伟蓝图。